新时代大学生思想政治工作
实践研究系列成果

在青春的赛道上奋力奔跑

主编 屈桃 李后东 张倩

陕西师范大学出版总社 西安

图书代号　JY24N1657

图书在版编目（CIP）数据

在青春的赛道上奋力奔跑 / 屈桃，李后东，张倩主编.
西安：陕西师范大学出版总社有限公司，2025. 1. -- ISBN 978-7-5695-4620-0

Ⅰ．G641-53

中国国家版本馆CIP数据核字第2024CH8187号

在青春的赛道上奋力奔跑
ZAI QINGCHUN DE SAIDAO SHANG FENLI BENPAO

屈　桃　李后东　张　倩　主编

出 版 人	刘东风
出版统筹	刘　定
策划编辑	郑　萍
责任编辑	胡选宏
责任校对	舒　敏
装帧设计	尹　冰
出版发行	陕西师范大学出版总社
	（西安市长安南路199号　邮编710062）
网　　址	http://www.snupg.com
印　　刷	西安市建明工贸有限责任公司
开　　本	720 mm×1020 mm　1/16
印　　张	16.5
插　　页	2
字　　数	240千
版　　次	2025年1月第1版
印　　次	2025年1月第1次印刷
书　　号	ISBN 978-7-5695-4620-0
定　　价	48.00元

读者购书、书店添货或发现印装质量问题，请与本公司营销部联系、调换。
电话：（029）85307864　85303629　　传真：（029）85303879

编委会

主　编：屈　桃　李后东　张　倩
副主编：汪闻涛　吕越颖　王　欢
编　委（按姓氏笔画排序）：

　　于维佳　王　健　王育国　方海兴
　　史锡哲　李琳熙　杨建强　吴海燕
　　张　鹏　张宇飞　范海龙　袁玉梅
　　魏德平

"新时代青年领航+"全国高校辅导员名师工作室阶段性成果

"陕西省党建工作样板支部"陕西师范大学马克思主义中国化研究教研室党支部党建示范创建和质量创优工作成果

陕西师范大学思想政治理论课创新提升计划重点支持项目

教育部高校思想政治工作队伍培育研修中心（陕西师范大学）实践探索创新成果

前　言

新思想引领新时代，新时代呼唤新作为。习近平总书记在党的二十大报告中勉励广大青年"立志做有理想、敢担当、能吃苦、肯奋斗的新时代好青年，让青春在全面建设社会主义现代化国家的火热实践中绽放绚丽之花"。这充分体现了党对青年一代的亲切关怀和殷切期望，指引着新时代广大青年学子在青春的光辉赛道上奋力奔跑。

怀揣对党的创新理论学习的无限热忱，伴随着全国上下深入学习贯彻党的十九大精神的热潮，陕西师范大学新时代大学生理论宣讲团应运而生。自成立以来，这群以奋斗为青春底色的马克思主义青年用活动搭桥梁、借宣讲学理论，与国家发展同频共振，围绕"改革开放四十年""新中国成立七十周年""党的十九届五中全会精神""党的十九届六中全会精神""党的二十大精神"等主题以"青年视角"开展理论宣讲，并适时推出"新时代好青年微课堂"宣讲菜单，形成"新时代十年的伟大变革""新思想指引新征程""坚定不移全面从严治党"和"青年强，则国家强"四个专题微宣讲稿件。为庆祝中国共产党成立100周年，宣讲团精心打造了"中国共产党精神谱系"系列宣讲，并充分依托陕西独有的红色资源联合陕西师范大学党委宣传部、教育部高校思想政治工作队伍培训研修中心（陕西师范大学），出品了"延安·青年"主题网络微宣讲，青年宣讲员生动讲述了延安时期中国共产党在排除万难中创造辉煌奇迹的青年作为和青春力量，以此进一步激发当代青年勇做走在时代前列的奋进者、开拓者和奉献者的思想觉悟、情感认同和行动自觉，切实做到学史明理、学史增信、学史崇德、学史力行，该活动最终入选"2021年陕西好网民工程重点项目"。

近7年来，宣讲团成员始终坚持用青春力量展现时代担当，面向全社会开展网络预约宣讲，将党的创新理论传播到基层、传递给人民，在兄弟高校、中小学校、社区街道、企事业单位，都留下了他们的青春身影。自成立以来，宣讲团先后与清华大学、西北工业大学、东北师范大学等高校交流合作，走进西安及周边市县中小学校，深入陕西延安、河北邢台、重庆城口、宁夏银川等地开展调研，在云南红河、西藏米林、新疆阿克陶、吉林延边等10余个边境国门地区学校，用"大手拉小手"传播信仰的火种。迄今，宣讲团已在校内外进行公开宣讲600余场，覆盖听众6万余人，培养了200余名宣讲员，涌现出一批勤思能写善讲、积极宣传党的创新理论的优秀学子。典型经验受到教育部的关注和《人民日报》《中国青年报》、全国高校思想政治工作网等媒体的报道。目前，宣讲团已经出版有《让党的创新理论飞入寻常百姓家》一书，形成了青年理论学习和宣讲实践的工作品牌，受到社会各界的广泛关注和一致好评。

依托全国重点马克思主义学院、全国教育系统先进集体、全国党建工作标杆院系平台基础，以及在西部高校中最为齐备的马克思主义理论学科本硕博一体化人才培养体系优势，陕西师范大学新时代大学生理论宣讲团围绕传播新思想、引领新风尚，让党的创新理论"飞入寻常百姓家"，既有效拓展了育人平台，创新了思想政治工作形式，壮大了主流舆论阵地，又充分发挥了学科优势，确保了宣讲的思想性、理论性，成为西部高校马克思主义理论教育领域中一颗闪亮的明星。"百年征程波澜壮阔，百年初心历久弥坚。"为进一步回顾与总结宣讲团成立以来的工作，充分展现求真求实、不忘初心、孜孜以求、绽放青春的青年学子风貌，我们特意精选宣讲团成立以来青年学子以自身视角讲述中国故事、阐释党的创新理论的优秀宣讲稿件，汇编成书，以飨读者。莘莘学子的言语或许还稍显稚嫩，一些观点或许还不够成熟完善，但是聚沙成塔、积水成渊，相信在不断地理论学习和实践历练中，他们必将带着对党和国家立下的铮铮誓言，在不同的岗位上勇当时代追梦人、未来圆梦者，成为担当民族复兴大任的时代新人。从这个意义上来讲，本书既是对学子们初心的见证，也是一种珍贵的成长记录，更是他们青春奋斗中光与热的印记。

在习近平新时代中国特色社会主义思想的指引下，期待宣讲团成员再接再厉，继续发扬严谨求实的学风，在总结过去成功经验的基础上，慎终如始、一马当先，以更加昂扬奋进的姿态，在青春赛道上奋力奔跑，激发信仰之力、传播时代之声，展现马克思主义忠诚信奉者和坚定实践者的使命担当！

刘力波

2024 年 2 月

目　录

第一章　百年大党　风华正茂

牢记"三个务必"　凝聚奋进伟力　尉　泽　　003

深刻把握"两个确立"的决定性意义　孙少帅　　007

深入理解增强"四个意识"的丰富内涵　马喜宁　　011

增强做中国人的志气、骨气、底气　丁一献　　015

不怕牺牲、英勇斗争
　　——中国共产党永葆青春活力的精神密码　尹承尧　　019

摆脱贫困的中国经验　贺香香　　023

百年大党正青春　复兴之路担使命　麻一获　　027

牢记"中国共产党是什么、要干什么"这个根本问题　赵　颖　　031

探寻"中国共产党为什么能"的密钥　于　悦　　035

第二章　复兴画卷　徐徐展开

打赢脱贫攻坚战　赵博韬　　041

扎实推进共同富裕　姬晨曦　　045

实现千年小康梦　朱　笛　　049

我观奥运：要金牌，不唯金牌　赵　颖　　053

维护国家安全，筑牢复兴根基　李智祥	056
坚持文化"双创"　赓续文明血脉　刘玥苹	060
讲好中国故事：展现可信可爱可敬的中国形象　于　悦	064
坚持胸怀天下　展现中国担当　王潇祎	068
为人类谋进步　为世界谋大同　陈坤正	072
读懂中国式现代化　陈　倩	077

第三章　赓续精神　以启前程

伟大建党精神　照亮前行之路　李芳芳	083
井冈山精神映山红　李左娴	088
延安精神放光辉　赵俊鹏	092
红岩精神铸忠诚　漆佳意	096
东北抗联精神：白山黑水挺起不屈的民族脊梁　刘田田	099
沂蒙精神显深情　刘苏萱	103
抗美援朝精神谱史诗　黄　格	106
致敬"两弹一星"精神　陈坤正	109
传承雷锋精神　争做时代楷模　吴　双	111
传承焦裕禄精神　做人民好公仆　高美玲	115
历久弥新的红旗渠精神　史乐琪	118
塞罕坝精神：一代代人的绿色接力　冯嘉敏	122
载人航天精神圆梦想　武花妮	125
劳模精神树丰碑　李智祥	129
申纪兰，共和国不会忘记您　王　惠	133
传承"三牛"精神　接续拓荒奋斗　于可心	136
弘扬丝路精神　创造美好生活　沈飞鸿	140

第四章　青春有我　逐梦前行

百年青春心向党　踔厉奋发启新程　麻一荻　147

传承五四薪火　今朝奋发图强　王潇祎　151

高举青春火炬　奋进伟大征程　李左娴　155

假如你要认识我，请到青年突击队里来　朱笛　159

生逢盛世正青春　勇挑重担向世界　曹蕊影　163

百年青春赓续伟大梦想　当代青年发扬先辈荣光　宋欣谕　167

跨越时空的青春之歌　丛镜燿　171

从"北京明白！"到"青年明白！"
　　——做有理想的新时代好青年　宋欣谕　174

时代各有不同　担当一脉相承
　　——做敢担当的新时代好青年　胡琼月　178

艰难困苦　玉汝于成
　　——做能吃苦的新时代好青年　赵梓涵　182

奋斗是青春的底色
　　——做肯奋斗的新时代好青年　任艳玲　186

第五章　巍巍宝塔　光辉闪耀

宝塔山下铸新魂　延安精神永不朽　赵梦杰　193

民族危亡之际，爱国青年如何抉择？　赵雪　198

红色延安，缘何成为爱国青年争相奔赴的"圣地"？　赵雪　201

安吴青训班，何以吹响热血青年保家卫国"集结号"？　赵佳伟　204

抗大，何以让青年学员脱胎换骨？　王怡文　207

延安青年，如何走与工农结合之路？　赵俊鹏　210

赓续红色血脉　做引领时代的中国青年　赵俊鹏　213

第六章 教育报国 笃力践行

心有大我、至诚报国的理想信念	于维佳	219
言为士则、行为世范的道德情操	苏雯雨	223
启智润心、因材施教的育人智慧	林　田	226
勤学笃行、求是创新的躬耕态度	王叶繁	231
乐教爱生、甘于奉献的仁爱之心	付　穗	236
胸怀天下、以文化人的弘道追求	叶　苗	241
公费师范生的追梦之旅　马秀梅		244
办好人民满意的教育　冯嘉敏		248

第一章

百年大党 风华正茂

牢记"三个务必" 凝聚奋进伟力

尉 泽

（2022级马克思主义发展史专业博士研究生）

习近平总书记在党的二十大报告中提出"三个务必"，即"全党同志务必不忘初心、牢记使命，务必谦虚谨慎、艰苦奋斗，务必敢于斗争、善于斗争，坚定历史自信，增强历史主动，谱写新时代中国特色社会主义更加绚丽的华章。"1949年3月，毛泽东同志在党的七届二中全会上提出"两个务必"，即"务必使同志们继续地保持谦虚、谨慎、不骄、不躁的作风，务必使同志们继续地保持艰苦奋斗的作风"。"三个务必"的提出，是习近平总书记在准确继承毛泽东同志"两个务必"精神内核的基础上做出的拓展与升华。当前，在全党全国各族人民迈上全面建设社会主义现代化国家新征程、向第二个百年奋斗目标进军的关键时刻，"三个务必"彰显了中国共产党人始终如一的使命担当、持之以恒的优良作风与坚韧不拔的斗争精神。

一、不忘初心、牢记使命，彰显了中国共产党人始终如一的使命担当

"为中国人民谋幸福，为中华民族谋复兴"，是中国共产党人的初心与使命。自1840年前的鸦片战争失败以后，西方帝国主义列强的侵略与压迫使得中国开始沦为半殖民地半封建社会，导致国家蒙辱、人民蒙难、文明蒙尘。正值国家前途命运迷茫之际，"十月革命一声炮响，给我们

送来了马克思列宁主义"。自此,中国的先进分子以此为思想指引,1921年诞生了一个肩负民族复兴大任的马克思主义政党——中国共产党。中国共产党成立伊始,就将人民置于首位,团结带领中国人民推翻"三座大山",将为中国人民谋幸福、为中华民族谋复兴作为革命理想和初心使命,致力于为实现民族独立、人民解放而不懈奋斗。在党的百年奋斗历程中,无数中国共产党人始终坚持真理、坚守理想,矢志不渝地奋进在这条伟大的革命道路上,他们把救国救民的忠肝义胆献给革命,把强国富民的历史责任扛在肩头,把为国为民的初心使命放在心上,用行动乃至生命诠释了党的初心使命,中华民族由不断衰落到根本扭转命运,从根本上改变了中国人民的前途命运。

一代人有一代人的长征,一代人有一代人的担当。党的十八大以来,中国特色社会主义进入新时代。新时代的10年,我们党深入贯彻以人民为中心的发展思想,在幼有所育、学有所教、劳有所得、病有所医、老有所养、住有所居、弱有所扶上持续用力,人民生活全方位改善。人民群众的获得感幸福感安全感更加充实、更有保障、更可持续,共同富裕取得新成效。这一系列成就,充分展现了中国共产党高度重视民生问题,把实现好、维护好、发展好最广大人民的根本利益作为一切工作的出发点和落脚点。新时代新征程,不忘初心方能行稳致远,牢记使命才能开辟未来。因此,我们要始终坚持以人民为中心的发展思想,务必不忘初心、牢记使命,在深入回答"中国之问、世界之问、人民之问、时代之问"中提振信心勇气、践行使命担当。

二、谦虚谨慎、艰苦奋斗,凸显了中国共产党人持之以恒的优良作风

谦虚谨慎、艰苦奋斗不仅是中华民族的传统美德,更是中国共产党人始终秉持的优良作风。我们党的百年历史,就是一部艰苦奋斗史。革命战争年代,面对极其恶劣的自然环境、严重匮乏的物质供给、穷凶极恶的敌人，中国共产党人谦虚谨慎、艰苦奋斗、浴血奋战，不断从胜利走向新的胜利。新中国成立后，在革命、建设、改革的各个历史时期，党带领人民披荆斩棘、艰苦奋斗，中国特色社会主义事业取得了举世瞩目的伟大成就。党的艰辛奋斗史深刻昭示，无论是历经风雨或是遭遇坎坷，我们党从未被困难压倒；我们党之所以能够历经挫折不断奋起、历尽磨难淬火成钢，靠的就是谦虚谨慎、艰苦奋斗的优良作风。

时至今日，面对中华民族伟大复兴战略全局和世界百年未有之大变局，面对严峻复杂的国际形势和接踵而至的巨大风险挑战，作为百年大党，中国共产党从未丢掉这种优良作风。我们深知，全面建设社会主义现代化国家新征程，绝不是一帆风顺、一朝一夕就能成功的；中华民族伟大复兴，绝不是轻轻松松、敲锣打鼓就能实现的，任何贪图享受、消极懈怠、回避矛盾的思想和行为都是错误的。党的十八大以来，以习近平同志为核心的党中央立足新的历史方位，继续发扬谦虚谨慎、艰苦奋斗的优良作风，顺利完成了脱贫攻坚、全面建成小康社会的历史任务，推动党和国家的事业取得历史性成就、发生历史性变革，开拓了中华民族伟大复兴的光明前景。在新时代新征程上，我们要深刻认识到实现中华民族伟大复兴的长期性、复杂性、艰巨性，全党同志务必谦虚谨慎、艰苦奋斗，保持行百里者半九十的清醒，保持胜不骄、败不馁的定力，确保我们党永葆旺盛生命力和强大战斗力，为不断夺取全面建设社会主义现代化国家新胜利而不懈奋斗。

三、敢于斗争、善于斗争，展现了中国共产党人坚韧不拔的斗争精神

敢于斗争、善于斗争是中国共产党人鲜明的政治品格和强大的精神力量。中国共产党是从斗争中成长、壮大起来的马克思主义政党，斗争精神贯穿于中国革命、建设和改革全过程。我们党依靠斗争走到今天，也必然依靠斗争赢得未来。

习近平总书记在党的二十大报告中指出，我们要"坚持发扬斗争精神。

增强全党全国各族人民的志气、骨气、底气，不信邪、不怕鬼、不怕压，知难而进、迎难而上，统筹发展和安全，全力战胜前进道路上各种困难和挑战，依靠顽强斗争打开事业发展新天地"。斗争是客观存在的，中国共产党人依靠斗争精神，取得了革命、建设、改革的成功，实现了第一个百年奋斗目标。现在，我们开启了全面建设社会主义现代化国家新征程，在前行的道路上，一定会有许多新的艰难险阻，这就要求我们在困难面前不低头，在危险面前不退缩，敢于迎难而上、勇立潮头，以大无畏的精神勇敢地面对各种风险挑战，做到既敢于斗争，又善于斗争。我们要坚决同一切削弱、歪曲、否定党的领导和我国社会主义制度的言行，一切损害人民利益、脱离群众的行为，一切顽瘴痼疾，一切分裂祖国、破坏民族团结和社会和谐稳定的行为，一切在政治、经济、文化、社会等领域出现的困难和挑战做顽强斗争，在斗争中不断增强斗争本领、提高斗争艺术。新时代新征程，全党同志务必要敢于斗争、善于斗争，要坚定斗争意志、强化历史担当，保持越是艰险越向前的英雄气概，谱写新时代中国特色社会主义更加绚丽的华章。

"壹引其纲，万目皆张。"新时代的考卷已铺展开来，赶考永远只有进行时，没有完成时。我们党面临的"考场"越来越大、"考题"越来越难、"答题条件"越来越难以预料。唯有自觉践行"三个务必"，坚定历史自信、增强历史主动，我们方能不负时代、不负人民，推动中国特色社会主义巍巍巨轮乘风破浪、行稳致远。

2022 年 11 月于西安

深刻把握"两个确立"的决定性意义

孙少帅

（2021级思想政治教育专业博士研究生）

党的十九届六中全会指出："党确立习近平同志党中央的核心、全党的核心地位，确立习近平新时代中国特色社会主义思想的指导地位，反映了全党全军全国各族人民共同心愿，对新时代党和国家事业发展、对推进中华民族伟大复兴历史进程具有决定性意义。""两个确立"的提出是一项重大政治成果；对推动全党统一思想、统一意志、统一行动，具有重大而深远的决定性意义。

一、回望昨天：在总结历史经验中把握"两个确立"的决定性意义

党的百年奋斗历程充分证明，坚强的领导核心和科学的理论指导，关乎党和国家的前途命运，关乎党和人民事业的兴衰成败。从世界社会主义发展史看，维护党的权威和党的领袖的权威，始终是马克思主义政党的一条基本原则，也是被无产阶级斗争实践所证明的宝贵经验。

1871年爆发的巴黎公社革命，是无产阶级夺取政权的第一次伟大尝试。但巴黎公社仅存在72天，就在国内外敌对势力的联合镇压下失败了。马克思高度评价巴黎公社的意义，认为公社的原则是永存的。马克思和恩格斯在总结巴黎公社经验时，首先明确的就是巴黎公社的失败在于缺乏科学的指导思想。马克思主义已经充分体现出其作为科学思想的指导意义，并鲜明地指出，巴黎公社走向灭亡就是由于缺乏集中和权威，缺乏无产阶级政党的领导。列宁也曾指出："培养一批有经验、有极高威信的党的领袖，这是一件长期的艰苦的事情。但不这样做，无产阶级专政、无产阶级的'意志统一'，就会成为一句空话。"

我们党的百年峥嵘岁月也深刻昭示，在实践中形成一个成熟的、在党内外有高度威望的领导集体和坚强核心，对于确保革命、建设和改革事业的顺利发展具有决定性作用。1935年遵义会议前，中国共产党在成立以来的10余年时间里，在共产国际的指挥和干预下频繁变更领导人，经历了走马灯似的党的领袖变迁史，正因为没有形成坚强的领导核心，党的事业几经挫折，甚至面临失败危险。遵义会议后，中国革命之所以转危为安、焕然一新，一个重要原因，就是我们党逐步形成了坚强的领导核心、成熟的领导集体。

二、守望今天：在新时代伟大实践中把握"两个确立"的决定性意义

党的十八大以来，以习近平同志为核心的党中央，以伟大的历史主动精神、巨大的政治勇气、强烈的责任担当，统筹国内国际两个大局，统揽伟大斗争、伟大工程、伟大事业、伟大梦想，坚持稳中求进的工作总基调，出台了一系列重大方针政策、战胜了一系列重大风险挑战、解决了许多长期想解决而没有解决的难题、办成了许多过去想办而没有办成的大事，推动党和国家事业取得历史性成就、发生历史性变革。

在这个过程中，习近平总书记洞察时代风云、把握时代脉搏、引领时代潮流，对关系新时代党和国家事业发展的一系列重大理论和实践问题进

行了深邃思考和科学判断，提出一系列原创性的新理念新思想新战略，展现了作为党中央的核心、人民领袖、军队统帅的坚定信仰信念、鲜明人民立场、卓越政治智慧、顽强意志品质，赢得了全党全军全国各族人民衷心拥护，赢得了国际社会高度赞誉。党和国家事业之所以能取得历史性成就，发生历史性变革，最根本的原因，就在于有以习近平同志为核心的党中央的坚强领导，就在于有习近平新时代中国特色社会主义思想的科学指引。

正如习近平总书记所强调的："如果党中央没有权威，党的理论和路线方针政策可以随意不执行，大家各自为政、各行其是，想干什么就干什么，想不干什么就不干什么，党就会变成一盘散沙，就会成为自行其是的'私人俱乐部'，党的领导就会成为一句空话。"

三、展望明天：在开创美好未来中把握"两个确立"的决定性意义

习近平总书记强调："中华民族伟大复兴，绝不是轻轻松松、敲锣打鼓就能实现的，全党必须准备付出更为艰巨、更为艰苦的努力。"当前，中华民族伟大复兴战略全局和世界百年未有之大变局交织激荡、深度演进，我们党已经团结带领人民踏上了实现第二个百年奋斗目标的新赶考之路，前进道路上，我们仍面临各种风险与挑战，这需要我们继续进行具有许多新的历史特点的伟大斗争。

实践一再证明，越是承担重大的历史任务、处于重大的历史节点，越是面对种种挑战，就越需要一个坚强的领导核心、越需要科学理论的指导。唯有拥有坚强的领导核心，才能凝聚奋进伟力；唯有拥有科学的思想理论，才能指引前进征途。

深刻把握"两个确立"的决定性意义，必须把"两个确立"真正转化为坚决做到"两个维护"的思想自觉、政治自觉、行动自觉，转化为

对马克思主义的忠诚信仰、对中国特色社会主义的坚定信念、对中华民族伟大复兴的坚强信心，转化为做好各项工作的实际行动。只要有以习近平同志为核心的党中央坚强领导、有习近平新时代中国特色社会主义思想的科学指引、有全党全国各族人民的团结奋斗，全面建成社会主义现代化强国的目标就一定能够实现，中华民族伟大复兴的中国梦也一定能够实现！

2021 年 12 月于西安

深入理解增强"四个意识"的丰富内涵

马喜宁

(2017级思想政治教育专业博士研究生)

中国共产党的"四个意识"指的是全体党员要牢固树立政治意识、大局意识、核心意识、看齐意识。作为习近平新时代中国特色社会主义思想的重要组成部分,"四个意识"是党的十八大以来以习近平同志为核心的党中央根据新时代世情、国情、党情的变化,为进一步解决党内举旗定向和强基固本问题,针对如何应对新形势下统一全党思想意志行动面临的新挑战所提出的新要求。"四个意识"的提出不仅是以习近平同志为核心的党中央对党的建设重要经验的科学总结和党章党规重要内容的概括凝练,也是对全面从严治党的目标在战略意义上提出的根本要求。"四个意识"是一个意蕴深刻、相互联系的有机整体,集中体现了党的根本政治方向、政治立场、政治要求,是检验党员干部政治素养的基本标准。深入理解增强"四个意识"的丰富内涵,对于维护党中央权威、维护党的团结和集中统一领导,对全党全军全国各族人民凝聚力量、抓住机遇、战胜挑战,保证党和国家兴旺发达、长治久安具有十分重大的意义。

一、增强政治意识是共产党人的立身之要

"千磨万击还坚劲,任尔东西南北风。"政治意识是马克思主义政党的鲜明特色,是中国共产党人的优良传统和独特优势。习近平总书记强调:"我们党要始终做到不忘初心、牢记使命,把党和人民事业长长久久推进

下去，必须增强政治意识，善于从政治上看问题，善于把握政治大局，不断提高政治判断力、政治领悟力、政治执行力。"这一论断深刻阐明了增强政治意识和提升政治能力对于党和人民事业的重要性，以及如何增强政治意识的问题。增强政治意识，就是要善于从政治上看待问题、分析问题、解决问题，在事关政治问题上毫不含糊，做政治上的明白人，自觉为党的事业和人民的幸福贡献自身的力量。特别是对于党员干部，必须坚定理想信念，提升政治修养，始终保持清醒的政治头脑，不断提高政治判断力、政治领悟力、政治执行力，以正确的政治思想、坚定的政治立场、深厚的政治信仰、严明的政治纪律、先进的政治观点，以及敏锐的政治洞察力和鉴别力，自觉抵制各种与马克思主义立场观点方法和社会主义制度相背离的错误思想，自觉肩负起拥护党的领导和始终为人民服务的初心使命。

二、增强大局意识是统筹抓好全局工作的必然要求

"不谋全局者，不足谋一域。"讲格局、讲胸怀，凡事从大局出发，从集体利益考量，这不仅是中华优秀传统文化的精髓要义之一，也是中国共产党百年奋斗的基本经验和鲜明特色。增强大局意识，就是要识大体、顾大局，做到胸怀大局、把握大势、着眼大事，强调的是从整体和全局出发，对工作和事态进行全局谋划和系统布局，做到放眼全局、服务大局、服从大局。习近平总书记指出："必须牢固树立高度自觉的大局意识，自觉从大局看问题，把工作放到大局中去思考、定位、摆布，做到正确认识大局、自觉服从大局、坚决维护大局。"百年来，中国共产党干出了一系列开天辟地的大事，取得了一系列举世瞩目的辉煌成就，这无疑与中国共产党人的大局意识和系统观念是分不开的。当前，世界格局正在发生深刻变化，全面夺取新时代中国特色社会主义伟大胜利依然面临许多可以预见和难以预见的风险与挑战。面对国内外错综复杂、风云变幻的形势，只有

自觉增强大局意识，牢固树立大局意识，我们党才能够在世界形势深刻变化的历史进程中始终走在时代前列，凝聚起全党共识和全国各族人民的共同意志以应对国内外各种风险挑战，以自身独特的魅力在世界舞台上凝聚全人类共同价值，引领人类文明进步潮流，为全球治理体系变革贡献中国智慧和中国力量。

三、增强核心意识是党团结统一、胜利前进的重要保证

"大海航行靠舵手""万山磅礴看主峰"核心意识反映的是政权安全、政治安全与国家安全的问题。历史上的政权更迭、政治动荡启示我们，一个国家、一个政党，如果没有一个权威的领导核心，就无法形成统一的人民意志和国家意志。正如列宁所说，"在历史上，任何一个阶级，如果不推举出自己的善于组织运动和领导运动的政治领袖和先进代表，就不可能取得统治地位"。列宁指出："培养一批有经验、有极高威信的党的领袖，这是一件长期的艰苦的事情。但不这样做，无产阶级专政、无产阶级的'意志统一'，就会成为一句空话。"增强核心意识，就是要在思想政治和价值观念层面认同核心、围绕核心、服从核心，在行动上拥护核心、维护核心，不断增强思想认同、政治认同和情感认同，始终保持思想上与党中央同频共振、同向同行。简言之，就是要始终坚持马克思主义和中国特色社会主义制度，始终坚持中国共产党的集中统一领导，始终坚持紧紧团结在以习近平同志为核心的党中央周围。唯其如此，才能形成实现中华民族伟大复兴的凝聚力、向心力，才能画好强国建设、民族复兴的最大同心圆，才能形成领导中国特色社会主义事业的主心骨、顶梁柱和定盘星。

四、增强看齐意识是凝聚全党力量的内在要求

"上下同欲者胜，风雨同舟者兴。"增强看齐意识是对提高广大党员

干部党性修养的必然要求，也是准确把握执政党建设规律的内在要求。增强看齐意识强调全党要在思想上、政治上和行动上同党中央保持高度一致，一切工作都围绕党中央决策部署来进行。看齐意识对强化广大党员干部的党性提出了新要求。所谓"人心齐，泰山移"，就蕴含着增强看齐意识的辩证法。增强看齐意识就是要时时刻刻向党的创新思想理论和党的路线方针政策主动看齐，及时响应党的号召，时刻牢记初心使命，深刻领悟党中央精神，原原本本、全面系统、联系实际学习习近平新时代中国特色社会主义思想，自觉在思想上、政治上、行动上同以习近平同志为核心的党中央步调一致，上下一心，团结一致。在新时代中国特色社会主义事业的建设过程中，党中央总揽全局、协调各方，各级党组织扛起责任担当，广大干部群众心往一处想、劲往一处使，充分彰显了中国共产党无比坚强的领导力，用铁一般的事实诠释了增强看齐意识的重要性。总之，只有全党全国各族人民"拧成一股绳，劲往一处使"，才能共同应对社会主义现代化建设所面临的各种风险挑战，战胜中华民族伟大复兴历史进程中所遇到的各种艰难险阻。

2021 年 7 月于西安

增强做中国人的志气、骨气、底气

丁一献

（2019级马克思主义中国化研究专业硕士研究生）

百年恰是风华正茂，征途漫漫更需勉力，未来属于青年，希望寄予青年。习近平总书记在庆祝中国共产党成立100周年大会上的讲话中强调："新时代的中国青年要以实现中华民族伟大复兴为己任，增强做中国人的志气、骨气、底气，不负时代，不负韶华，不负党和人民的殷切期望。""增强做中国人的志气、骨气、底气"是习近平总书记回顾党的百年光辉历史、立足社会主义现代化强国建设新征程、展望中华民族伟大复兴的光明前景，对培育新时代青年提出的新要求。作为为中华民族伟大复兴而矢志奋斗的追梦一代、强国一代，新时代青年应以"增强做中国人的志气、骨气、底气"为目标遵循，铸牢理想信念、砥砺个人品行、凝聚奋斗合力，书写无愧于祖国和人民的靓丽答卷。

一、发扬中华优秀传统文化的情操根脉，增强做中国人的志气、骨气、底气

中华文明在长期生存发展过程中孕育的中华优秀传统文化饱含着精神养分，流传着高尚情操，是涵养和增强中国人志气、骨气、底气的宝库。

中国人重志气。古人讲："志之所趋，无远弗届。""古之立大事者，不惟有超世之才，亦必有坚忍不拔之志。"志向是前进路上的灯塔，是破

浪途中的风帆，是冲向胜利的号角。"立志不定，终不济事。"中国人的志不在汲汲营营于个人私利，而是志在为四海苍生谋幸福，为天地万世开太平。

中国人炼骨气。"士不可以不弘毅，任重而道远""富贵不能淫，贫贱不能移，威武不能屈"等名言，是多少人的座右铭。骨气是不畏风刀霜剑的坚韧，是无惧强暴骄横的勇敢，是无视名利诱惑的正直。"我善养吾浩然之气"，至大至刚，激浊扬清，这种浩气骨气激励着中华民族穿过无数幽暗岁月，一直雄立于世界东方。

中国人有底气。中华民族在5000多年历史演进中形成了辉煌灿烂的文明，是唯一没有中断的古老文明体。中华优秀传统文化璀璨动人、生生不息，具有深厚的感召力，其中许多优秀因子对今天的世界仍有价值。中国人的自豪感和自信心深植在历史蕴含的文化根脉中。

二、坚守马克思主义的精神气质，增强做中国人的志气、骨气、底气

马克思主义作为我们立党立国的根本指导思想，不仅是一种意识形态，也是一种与中华文化和中国人的精神世界相亲相契的精神观念。马克思主义的远大理想、斗争品格、乐观精神与力行要求我们所说的志气、骨气、底气的内涵要义是高度契合的。我们要深刻领会马克思主义的思想内涵，坚守马克思主义的精神气质，增强做中国人的志气、骨气、底气。

马克思主义坚持着实现人类解放的远大理想。"必须推翻使人成为被侮辱、被奴役、被遗弃和被蔑视的东西的一切关系。"马克思主义具有鲜明的阶级立场，但它的最终目标是实现所有人自由而全面的发展。

马克思主义内蕴着批判和斗争的精神。马克思主义是"决不同任何迷信、任何反动势力、任何为资产阶级压迫所作的辩护相妥协的完整的世界

观"。在各种复杂斗争中成长起来的马克思主义,其战斗性和革命性在人类思想史上绝无仅有,它是认识世界和改造世界的强大思想武器。

马克思主义揭示了人类社会发展规律,昭示了人类走向共产主义的光明前景。马克思主义解答了"历史之谜",使得人类能够认识和掌握自己的命运,能够识别和驾驭社会前进的方向。马克思主义还提出了剩余价值理论,揭示了资本主义生产方式的秘密和资产阶级社会的运动规律,为人类走出自己的"史前时期",成为自己的主人,从必然王国走向自由王国提供了科学依据。

三、赓续百年党史的磅礴伟力,增强做中国人的志气、骨气、底气

百年党史是最生动、最有说服力的教科书。这一百年,中华儿女为实现民族复兴,进行了震天撼地的顽强斗争,彰显了顶天立地的豪迈气概,创造了中华民族几千年历史上最恢宏的史诗。我们要赓续百年党史的磅礴精神伟力,用中国人的志气、骨气、底气继续书写新的篇章。

百年党史足以坚定志气。从鲁迅"血沃中原肥劲草,寒凝大地发春华"的坚定不屈到方志敏在狱中呐喊出的"中国一定有个可赞美的光明前途",从毛泽东"雄关漫道真如铁,而今迈步从头越"的雄壮气魄到陈毅向死而生之际"取义成仁今日事,人间遍种自由花"的乐观勇毅,哪怕是在革命的至暗时刻,在牺牲的血雨中,士气高昂、向往自由解放的前行者们也不曾失落信念。背黑暗而向光明,仁人志士对中国新生的执着信念为中华播下了复兴火种。

百年党史足以锤炼骨气。无论是大革命时期寒冷的屠刀,还是长征时期的重兵围困和雪山草地关隘,无论是抗日战争的危亡关头,还是朝鲜战场上的绞杀战和焦土战,无论是新中国成立后的一穷二白,还是改革开放

的重重难关，中国共产党之所以能屡屡化险为夷、从胜利走向新的胜利，靠的就是一股不屈不挠不认命、不信邪不怕鬼的骨气。"风雨侵衣骨更硬，野菜充饥志越坚"，革命先烈用英勇斗争点燃战斗火把，锻造铮铮铁骨。

百年党史足以充实底气。昔日衰败凋零的旧中国，如今迎来了自信自强的新时代。中国共产党开创的伟大事业和伟大成就，不仅把自己的工作写在人类的历史上，也为世界提供了迈向现代化的新选择，创造了人类文明新形态。建党、救国、富国、强国，中国共产党的第一个百年故事彪炳史册，催人奋进。新时代青年要以更富志气、骨气、底气的姿态传递奋斗火炬，在中华民族伟大复兴的新篇章上续写更大的辉煌！

2021 年 7 月于西安

不怕牺牲、英勇斗争
——中国共产党永葆青春活力的精神密码

尹承尧

（2020级马克思主义发展史专业硕士研究生）

不怕牺牲、英勇斗争，是伟大建党精神的重要内涵，是中国共产党铸就永不褪色的精神丰碑、永葆青春活力的精神密码。中国共产党自诞生之日起，就形成了不惧风险、敢于斗争的品质。习近平总书记指出："世界上没有哪个党像我们这样，遭遇过如此多的艰难险阻，经历过如此多的生死考验，付出过如此多的惨烈牺牲。"我们党一路走来，在斗争中求得生存、获得发展、赢得胜利，历经沧桑而风华正茂，饱经磨难而生生不息。

一、新民主主义革命时期，党团结带领人民开创建国新纪元

"人生天地间，长路有险夷。"我们党成立于国家内忧外患之际、民族危难之时，一诞生就铭刻着斗争的烙印，一路走来就是在斗争中求得生存、获得发展、赢得胜利。在党艰苦漫长的斗争历程中，除了与敌人面对面作战的正面战场，还有一条为夺取革命胜利起过重大作用的隐蔽战线，其中活跃着一支默默保护我们的同志、守护我们的伟大事业，牺牲生命也在所不惜的队伍，这就是1927年建立的中央特科。

白色恐怖下的上海，大批共产党员和革命群众惨遭捕杀。中央特科为保卫党组织的生存与发展立下了赫赫战功。1934年伊始，国民党特务组织发动叛徒内奸，对中央特科开展跟踪围捕。不到1年的时间里，10余

名骨干被捕。1935年4月13日,中央特科红队队长龚昌荣,队员赵轩、孟华亭、祝金明四名同志壮烈牺牲。

"世界上没有哪个党像我们这样,遭遇过如此多的艰难险阻,经历过如此多的生死考验,付出过如此多的惨烈牺牲。"一百年来,在应对各种困难挑战中,党锤炼了不畏强敌、不惧风险、敢于斗争、勇于胜利的风骨和品质。这是我们党鲜明的特质。

"未惜头颅新故国,甘将热血沃中华。"自九一八事变后,中华儿女就在白山黑水间奋起抵抗,在党的领导下,以血肉之躯筑起了拯救民族危亡的钢铁长城,以铮铮铁骨书写了捍卫民族尊严的伟大篇章。14年不屈不挠的浴血奋战,3500万军民的牺牲,正是在这一股子"四万万人齐蹈厉,同心同德一戎衣"的斗争精神激励下,我们最终赢得了民族解放斗争的第一次完全胜利,中华民族结束了百年沉沦,迎来了伟大复兴的光明前景。

二、社会主义革命和建设时期,党团结带领人民求索兴国新道路

以艰苦卓绝的斗争建立起新中国后,我们仍然面临极其严峻的国际环境。西方国家对我们进行经济封锁、政治孤立、军事威胁,尤其是美国的核威胁、核讹诈。为了保护中国人民与新生政权,党和国家领导人深刻认识到:"只有掌握了最先进的科学,我们才能有巩固的国防。"落后就要挨打,靠祈求绝换不来和平,我们只有斗争,"两弹一星"一万年也要搞出来!

郭永怀是为我国两弹事业做出重要贡献的科学家。郭永怀在国外取得博士学位后,留在美国的大学任教。当时声名鹊起的他,回国的念头却始终都没有打消过。许多朋友劝他,大学教授的职位很不错了,孩子将来在美国也可以接受更好的教育,为什么总是记挂着那个贫穷的家园呢?郭永怀的回答是:"家贫国穷,只能说明当儿子的无能。我自认是一个中国人,有责任回去和大家一起建设祖国。"郭永怀回国后感慨道:"这几年来,

我国在共产党领导下所获得的辉煌成就，连我们的敌人，也不能不承认。在这样一个千载难逢的时代，我认为，我作为一个中国人，有责任回到祖国，和人民一道，共同建设我们美丽的山河。"1968年12月5日，郭永怀从核试验基地乘飞机返回途中意外遭遇空难，坠机现场惨不忍睹，残骸散落得到处都是，却有两具烧焦的身体保持着紧紧拥抱在一起的姿势。人们费了很大力气将他们分开后才发现，是郭永怀与警卫员用身体牢牢夹住了一个皮质公文包。打开后，一份热核导弹试验数据文件完好无损地保存了下来。正是依据这份付诸生命保护的重要资料，在郭永怀牺牲的22天后，我国第一颗热核导弹试爆成功，氢弹武器化得以实现。

郭永怀的事迹仅仅是"两弹一星"元勋们艰辛付出的缩影。正因为我们党的工作是为绝大多数人谋利益的事业，正因为有责之所在、舍我其谁的担当，中国共产党人不惧怕任何牺牲，总是能够展现出一往无前、英勇斗争的大无畏气概。无数英烈的名字让我们铭记，无数感人的史诗传颂至今。

三、改革开放和社会主义现代化建设新时期，党团结带领人民擘画富国新蓝图

"志之所趋，无远弗届，穷山距海，不能限也。"改革开放和社会主义现代化建设新时期，中国共产党带领人民成功开创了中国特色社会主义。党的十一届三中全会做出了把党和国家的工作重点转移到经济建设上来、实行改革开放的伟大决策。自此，党领导全国各族人民在新的历史条件下开始了新的伟大革命。正是以"改革是中国的第二次革命"的斗争精神，以"摸着石头过河"的牺牲勇气，全国各族人民在党的领导下攻坚克难、砥砺奋进，书写了国家和民族发展的壮丽篇章。

要幸福就要奋斗，就要付出辛勤汗水，就会有奉献牺牲。正因为我们党的事业是"为绝大多数人谋利益的独立的运动"，正因为有责之所在、舍我其谁的担当，中国共产党人不惧怕任何牺牲，总是能够展现出一往无

前、英勇斗争的大无畏气概。

我们党和国家依靠斗争走到今天，新时代我们也必然要依靠斗争赢得未来。中国特色社会主义不是从天上掉下来的，它是党和人民历尽千辛万苦、付出巨大代价取得的成就。征途漫漫，惟有奋斗。愿我们一同传承和弘扬百年锤炼的不畏强敌、不惧风险、敢于斗争、勇于胜利的风骨和品质，矢志追求更有高度、更有境界、更有品位的人生。在攀登知识高峰中追求卓越、在肩负时代重任时行胜于言、在真刀真枪的实干中成就一番事业，把人生理想融入国家富强、民族复兴、人民幸福的伟业之中，胸怀强烈的政治责任感、历史使命感，谱写新时代的壮丽凯歌。

2021 年 7 月于西安

摆脱贫困的中国经验

贺香香

（2020级马克思主义基本原理专业硕士研究生）

习近平总书记在庆祝中国共产党成立100周年大会上庄严宣告："经过全党全国各族人民持续奋斗，我们实现了第一个百年奋斗目标，在中华大地上全面建成了小康社会，历史性地解决了绝对贫困问题，正在意气风发向着全面建成社会主义现代化强国的第二个百年奋斗目标迈进。"这庄严宣告的背后，是亿万人民生活实实在在的改变，是中国共产党人改天换地的英雄壮举！

一、脱贫攻坚的不竭动力来源于中国共产党人始终坚守的人民情怀

"食满又饮足，欢声笑语中。"吃饱喝足是人类最朴素、最基本的追求。然而饥饿千百年来常常困扰着人们，电影《1942》讲述了1942年发生在河南的大饥荒，在这场饥荒中，大量难民难以饱腹，流离失所。而当时的政府关注的却是世界上的其他"大事"：斯大林格勒战役、甘地绝食、宋美龄访美、丘吉尔感冒。当时的第一战区司令长官蒋鼎文竟大言不惭地说："饿死一个灾民，地方还是中国的。"当时的地方当局还在想尽办法勒索赋税，那些吃着榆树皮和干树叶的农民只能被迫把他们最后一袋谷种缴给税局，缴不出东西的农民就卖掉牲口、家具和土地，换钱缴纳税款。在天灾人祸之中，千百万难民走的是一条没有希望的逃难之路。

今天还有谁在为饥饿而发愁吗？关于"吃的问题"，今天的我们关注的是吃多吃少，吃得是否营养均衡、丰盛可口。在正常情况下，没有人会担心吃不饱饭，今天的我们早已解决了温饱问题。那么，是谁带领我们走上这条生产力水平不断提高的现代化道路？是谁带领我们开拓了中国特色社会主义事业？又是谁发出了"人民对美好生活的向往，就是我们的奋斗目标"的庄严宣告？答案不言而喻。中国共产党用实际行动践行着自己的诺言。2006年1月1日起，我国废除《中华人民共和国农业税条例》，不再针对农业单独征税，一个在我国存在2000多年的古老税种宣告终结。这一举措进一步减轻了农民负担，解放了农村生产力，在中国农业史上留下了浓墨重彩的一笔。经过不懈努力，我国以占世界不足7%的耕地养活了20%的人口。2017年10月25日，习近平总书记在十九届中央政治局常委同中外记者见面时指出："2020年，我们将全面建成小康社会。全面建成小康社会，一个也不能少；共同富裕路上，一个也不能掉队。"这是党对于脱贫攻坚的庄严承诺。"一个也不能少"，意味着家家户户都要摆脱贫困。这种绝不落下一人一口的"较真"，彰显了中国特色社会主义的崇高追求，体现了中国共产党人始终坚守的人民情怀。

二、脱贫攻坚的根本保障在于中国共产党的领导，在于千千万万共产党员的苦干实干

脱贫攻坚的全面胜利，离不开习近平总书记的领航掌舵。"八年""十四个集中连片特困地区""二十四个贫困村"，这些数字见证了习近平总书记在扶贫路上的足迹。这一路上，习近平总书记用脚步丈量着从贫困到小康的进程，向全党发出了脱贫攻坚的总攻动员令，阐述了"精准扶贫"的重要思想，全面部署着力解决"两不愁三保障"的突出问题，从华北平原到西南边陲、从大别山区到秦巴腹地、从土家苗寨到雪域高原……完成着他心中"最牵挂的一件大事"。

脱贫攻坚的全面胜利，离不开各级党组织的协调联动，层层落实责任。

有这样一幅画面生动诠释了党的脱贫工作机制：2020年4月21日，习近平总书记来到陕西省安康市平利县老县镇茶园考察脱贫攻坚情况，现场记者拍摄到一张照片。照片中出现了"五级书记"同框——习近平总书记面带微笑，跟在他身旁身后的，从省委书记到村党支部书记，一张照片反映出了"中央统筹、省负总责，市县抓落实"的脱贫工作机制，也正是这一机制有效保证了党的各级组织共抓扶贫，层层压实责任。

脱贫攻坚的全面胜利，离不开数百万一线扶贫干部的苦干实干。脱贫攻坚是一场没有硝烟的战争，在这个战场上，数百万扶贫干部尽锐出战、苦干实干，奉献自己最美的年华，有的人更是因此献出了生命。黄文秀在她的扶贫日记中写了这样一句话："我是从广西贫困山区出来的，我想回去建设家乡，把希望带给更多的父老乡亲。"扶贫日记上的文字记录着黄文秀心系人民、践行诺言的责任担当，也正是千千万万个同黄文秀一样的扶贫干部的辛苦奉献，才使得脱贫攻坚战能够取得最终胜利。

三、脱贫攻坚的伟大实践充分彰显了中国特色社会主义制度下集中力量办大事的制度优势

2021年开年，电视剧《山海情》火热出圈。这部以扶贫为主题的电视剧，讲述了20世纪90年代西北贫困山村涌泉村村民搬迁到戈壁滩吊庄的悲喜人生，展现出一段跨越山海的协作扶贫。1996年，中央制定了福建对口帮扶宁夏的方案，时任福建省委副书记的习近平同志担任帮扶领导小组组长，后赴宁夏直接推动了闽宁对口扶贫协作。赴宁夏调研时，习近平同志提出了建设闽宁村的设想，确定了选址和村名。1997年7月，"闽宁村"在一片戈壁上破土动工，一个干沙滩正在风沙磨砺中蜕变为金沙滩。2016年，习近平总书记在主持召开东西部扶贫协作座谈会上讲道："组织东部地区支援西部地区，而且大规模长时间开展这项工作，在世界上只有我们党和国家能够做到，这就是我们的政治优势和制度优势。"

在具体实施精准扶贫时，中国共产党人始终坚持政府投入的主体和主

导作用，大力推动东西部的协作扶贫、党政机关的定点扶贫、社会力量的参与扶贫等，汇聚起排山倒海的脱贫攻坚力量。而这一力量的汇集，离开中国特色社会主义的制度优势，是根本无法做到的。社会主义制度的优越性突出体现在集中力量办大事。习近平总书记说："我国成为世界上减贫人口最多的国家，也是世界上率先完成联合国千年发展目标的国家。""这个成就，足以载入人类社会发展史册，也足以向世界证明中国共产党领导和中国特色社会主义制度的优越性。"中国共产党具有强大的领导力、组织力和执行力，不仅能够充分发挥党组织内部的力量，更能集全国之智、举全国之力，带领人民攻坚克难、开拓进取。

摆脱贫困的千年梦想今朝终得实现，继续追梦的活力在于青年一代。有段时间，社会上有不少对"90后""00后"的质疑声音。但时光为证，越来越多的青年用担当和勇毅打破了社会对他们的"刻板印象"：科研攻关的现场、脱贫攻坚的基层、抗击疫情的前线……青年们在时代的挑战中坚定地站了出来，于无声之处完成梦想与使命的传承。千年梦想今朝圆，在意气风发向着全面建成社会主义现代化强国的第二个百年奋斗目标迈进的路上，继续追梦的使命落到了我们肩上。"脱贫摘帽不是终点，而是新生活、新奋斗的起点。"中国共产党正在努力兑现"努力让人民群众的获得感成色更足、幸福感更可持续、安全感更有保障"的承诺。作为青年的我们责无旁贷，我们也必将大有作为！

2021 年 9 月于西安

百年大党正青春 复兴之路担使命

麻一荻
（2021级马克思主义基本原理专业硕士研究生）

1921年，浙江嘉兴南湖，代表中国共产党第一次全国代表大会的红船扬帆起航。"一艘小船诞生一个党"，从此中国的面貌发生了翻天覆地的变化。2022年，中国共产党第二十次全国代表大会在北京召开，全体党员不负使命，昂首迈向第二个百年奋斗目标。100多年来，中国共产党从50多人发展到9600多万人，从"小小红船"成长为"巍巍巨轮"。是什么原因使党历经风霜却青春永驻，并且越发枝繁叶茂？

一、初心使命激发青春动力

习近平总书记指出："中国共产党一经诞生，就把为中国人民谋幸福、为中华民族谋复兴确立为自己的初心使命。""不忘初心、牢记使命"，初心所在便是青春所在、活力所在、光明未来所在。初心如磐，使命在肩，这正是中国共产党风华正茂的青春动力之源泉。

在党的百年风雨历程中，一代又一代共产党员始终坚守初心，担当使命。革命年代，中国工农红军第二十五军遭遇长征途中第一场血战，生死存亡之际，政委吴焕先一边高喊"同志们，现在是生死存亡关头，决不能后退！共产党员跟我来"，一边率部冲锋，力挽狂澜。正是靠着千千万万高喊"跟我上"的共产党员艰苦奋斗、坚决战斗，我们党才能带领人民战胜一个又一个艰难险阻，取得一个又一个伟大胜利。征程万里，初心如磐，时代变了，但中国共产党的性质和宗旨没有变，共产党员的本色和本分没有变。无论发生任何困难和挑战，一份份要求奔赴一线的请战报告、一个个饱含责任担当的鲜红手印、一句句坚定有力的"跟我上""我先上"立刻涌现，哪里有急难险重的任务，哪里就能看到鲜红的党旗高高飘扬。

正是因为有着一批又一批中国共产党人坚守初心使命，并从中汲取青春奋进的强大力量，我们党才能一往无前，带领中国人民以"为有牺牲多壮志，敢教日月换新天"的大无畏气概，书写出中华民族几千年历史中最恢宏的史诗。

二、红色精神激发青春力量

百年大党正青春，来源于红色精神谱系的代代传承。在百年奋斗历程中，涌现出一代代英雄儿女，他们舍小家、为大家，挥洒青春汗水，以青春之躯构建起红色精神谱系，书写了一段段传奇篇章。伟大建党精神、井冈山精神、长征精神、延安精神、雷锋精神、载人航天精神、抗疫精神等，犹如一颗颗璀璨的宝石，闪烁于各个时期的历史长空，并被一代代共产党人传承、发扬，是党的青春力量永不枯竭的信仰源泉。

2022年10月28日上午，习近平总书记来到红旗渠青年洞考察，并强调"社会主义是拼出来、干出来、拿命换来的，不仅过去如此，新时代也是如此"。喝水不忘打井人，历史将大家的记忆翻到林县人民"十万大军战太行"的奇迹篇章。1960年2月，太行山上一声炮响，林县人民带着"宁愿苦干，不愿苦熬"的信念，开始了自力更生的修渠之旅，最终在1969年建成了"人工天河"红旗渠，解决了林县干旱缺水的问题，创造了举世瞩目的人间奇迹。共产党员吴祖太，是红旗渠工程的总设计师。年轻的他从河南省黄河水利学校毕业后，了解到林县人民吃水难、用水难的问题，于是决定将所学知识投身于社会主义建设中。在接到两个月拿出设计图纸的命令后，他展开实地勘测，饿了啃口冷馒头，渴了就近吃积雪，没雪就饮河水、吃冰碴。勘测时，吴祖太会冒着坠下深渊的危险，用绳子把自己吊在半山腰上测量勘探。有一次，因绳子打滑，要不是同伴拼命拽住，吴祖太就摔了下去。直到多年以后，著名摄影家魏德忠在红旗渠拍下的那张大家绑着绳子吊在悬崖边半空凿山的照片，其悲壮的英雄气概仍震撼着世人。而在红旗渠项目中第一位空中作业的人也正是吴祖太。1960年3月28日傍晚，刚下工的吴祖太端起碗准备吃饭，一位村民急匆匆跑来说："吴技术员，王家庄隧洞顶部出现了裂缝，您快去看看吧。"吴祖太放下碗筷就走，没想到进洞不久，塌方忽然发生，夺去了他年轻的生命。吴祖太那年仅27岁，4天前刚举办了婚礼。据《红旗渠志》记载，10年工程期间先后有81位村民牺牲，其中最大的60岁，最小的17岁，许多人连一张照片都没有留下。

今天，在红旗渠的建设旧址上，总干渠的青年洞时常吸引着参观者驻足瞻仰。当年，它曾是红旗渠施工建设难度最艰巨的地段，300多名青年组成凿洞突击队，经过17个月的英勇奋战，才征服了这一天险，故取名"青年洞"。如今，八百里太行山上，红旗渠穿越山脉，横跨河流，以自己独特的壮烈雄姿，矗立在中原大地，成为人类不朽精神的丰碑。作为新时代青年，我们应当铭记红旗渠精神，传承红色基因，接续奋斗，勇挑建设重任。

三、守正创新展现青春活力

习近平总书记在党的二十大报告中指出："实践告诉我们，中国共产党为什么能，中国特色社会主义为什么好，归根到底是马克思主义行，是中国化时代化的马克思主义行。"理论创新进一步指导实践创新，我们党推出了一系列"特色产品"：政治协商、五年计划、"两弹一星"、改革开放、"一国两制"、脱贫攻坚、乡村振兴、一带一路、人类命运共同体等。中国共产党通过理论创新与实践创新，真正地将初心使命落到了实处，将可信可爱可敬的中国形象展现在世界舞台。

在充满青春朝气的中国共产党的正确领导下，新时代中国青年生逢中华民族发展的最好时期，正走在充满机遇的创新大道上，正迎来建功立业的难得人生机遇，拥有更广阔的成长空间和更多的人生出彩机会。在出席党的二十大的2296名代表中，35岁以下的代表有120名，他们朝气蓬勃，认真履职，青春的朝气在党代会上洋溢勃发，展现着新时代年轻党员的风采与活力。

作为新时代青年的我们，如何贡献自己的青春力量，和百年大党的发展同频共振呢？

第一，志存高远。志向的高低决定着青春的成色与分量。作为新时代青年的我们，应当把立志、立德和立身统一起来，把人生价值追求融入实现中国梦的伟大事业之中，让青春年华在奉献中焕发出绚丽光彩。

第二，勇于担当。作为"90后""00后"的我们，丰富的物质生活条件和稳定的成长环境让我们更加自信乐观。但同时，我们的奋斗精神也决不能退化。勇于担当不是喊口号，是需要求真学问、练真本领的，这是建设社会主义现代化强国对青年一代的基本要求。

第三，不怕吃苦。积极走向基层、留在基层，乐于扎根艰苦环境，在广阔的基层天地中磨炼自己，在祖国最需要的地方建功立业。

第四，脚踏实地。中华民族的伟大复兴，绝不是轻轻松松、敲锣打鼓就能实现的。全体中华儿女必须付出更为艰巨、更为艰苦的努力。我们要在思想上仰望星空，行动上脚踏实地，不负时代重托，无愧历史选择。

一百年对一个人来说很长，但是对一个政党而言却正是青春期，让我们和中国共产党这位"百岁少年"一起，继续创造新的辉煌业绩！

2022年12月于西安

牢记"中国共产党是什么、要干什么"这个根本问题

赵 颖

（2019级思想政治教育·卓越教师实验班）

光阴流转，岁月沧桑。百年来，为什么中国共产党屡经磨难，但仍赢得了伟大胜利和无上荣光呢？让我们围绕党的十九届六中全会公报中指出的"中国共产党是什么、要干什么"这个根本问题，一起从党史中寻找答案。

一、中国共产党是什么？

"中国共产党是什么"的问题揭示了党的政治本色。19世纪40年代，面对西方发达资本主义国家工人的悲惨境况以及殖民地、半殖民地人民的苦苦挣扎，马克思和恩格斯创立了科学社会主义。同样在19世纪40年代，鸦片战争后的中国也一步一步地陷入了苦难的深渊，一批批有识之士尝试救国却总是无奈收场。在家国命运的屡次碰壁中，中华儿女的失落情绪和危机意识与日俱增，而中国共产党的先驱们却与马克思、恩格斯一样敢于做那改变世界的先锋，带领人民一起创造看得见的未来！就这样，中国共产党的先驱们选择了面临境遇相似、担负使命相通、理论正确且经历十月革命实践印证的马克思主义作为指导思想，将马克思主义与中国这片饱受苦难的土地紧紧融合在一起，也将工人阶级、中国人民以及中华民族的利益融汇成一个马克思主义政党的使命担当。正如《中共中央关于党的百年奋斗重大成就和历史经验的决议》指出的："党代表中国最广大人民根本利益，没有任何自己特殊的利益，从来不代表任何利益集团、任何权势团

体、任何特权阶层的利益,这是党立于不败之地的根本所在。"究其性质,中国共产党是中国工人阶级的先锋队,是中国人民和中华民族的先锋队,是中国特色社会主义事业的领导核心,始终代表中国先进生产力的发展要求,始终代表中国先进文化的前进方向,始终代表中国最广大人民的根本利益。

二、中国共产党要干什么?

"中国共产党要干什么"这一问题归根到底就是聚焦于中国共产党人的初心与使命,回答中国共产党的奋斗目标。

电视剧《觉醒年代》中有这样一个场景:北京郊外,寒风瑟瑟,荒草萋萋。板车上推着脚底血肉模糊的尸体,迎面走来了满身补丁去乞讨的妇女。路边怀抱着快要饿死的小女孩的老人感慨道:"闹灾荒、闹瘟疫、闹土匪、闹兵乱,没法活了。"看到这样的情景,剧中的陈独秀和李大钊不禁掩面痛哭,立下决心要让中国的老百姓都过上好日子。实际上,这个片段在20世纪初是十分常见的。面对如此世道,中国共产党人要干的事情就是让中国人民都能拥有幸福的生活、成为国家的主人。他们所肩负的使命也从来不是一人、一家的幸福,而是亿万人、千万家的幸福。

回望中国近百年的奋斗史,就是在中国共产党领导下实现中华民族伟大复兴的历史。在党的百年实践中,我们能找到"中国共产党要干什么"这一问题生动且明确的答案。在新民主主义革命时期,中国共产党团结带领中国人民推翻了"三座大山","实现了中国从几千年封建专制政治向人民民主的伟大飞跃";在社会主义革命和建设时期,我们党大力发展人民民主,进行社会主义革命与建设,"实现了一穷二白、人口众多的东方大国大步迈进社会主义社会的伟大飞跃";在改革开放和社会主义现代化建设新时期,我们党继续探索中国建设社会主义的正确道路,"推进了中华民族从站起来到富起来的伟大飞跃";当中国特色社会主义进入新时代,面对世界百年未有之大变局,"中华民族迎来了从站起来、富起来到强起来的伟大飞跃"。

无论哪一时期，实现共产主义始终是中国共产党人的崇高信仰，更是正在发生着的历史进程。当下，我们推动构建人类命运共同体，在促进全球经济发展、应对全球气候变化等方面都展现了马克思主义政党的精神底色，这也是共产主义信仰在现实中的生动体现。

三、新时代青年怎么做？

中国共产党百年征程中对"是什么、要干什么"的回答始终同人民、国家、民族乃至全人类的命运紧密结合。我们青年学生在走向新的人生征程之际，也同样应当汲取党的精神力量和思想智慧。新时代为接续奋斗、实现中国特色社会主义共同理想和共产主义远大理想，我们青年人该如何做呢？

第一，勿忘昨日苦难，尊重历史，拥护党的领导。我们知道，中国共产党要干的事情是崇高的、是朴素而真诚的，也是充满苦难的。1927年，"白色恐怖"席卷而来，有数十万共产党员、革命人士献身。但是，正像毛泽东同志所述："中国共产党和中国人民并没有被吓倒、被征服、被杀绝。他们从地下爬起来，揩干净身上的血迹，掩埋好同伴的尸首，他们又继续战斗了。"百年来，我们党面临诸多严峻考验，但中国共产党始终能够披荆斩棘、浴血向前。如今，我们更要尊重历史，坚持党的领导，从厚重的历史中获取前行的力量。

第二，无愧今日担当，永久奋斗，肩负历史使命。团结并带领全体中国人民实现中华民族伟大复兴是中国共产党人的重要使命，同样也是我们青年人的历史使命。说起承担使命，马克思曾说，"作为确定的人，现实的人，你就有规定，就有使命，就有任务"。成长就是从索取到给予，从毫无牵挂到肩负使命地破茧成蝶。青年在奋斗中收获成长，使命在奋斗中得以承担。过去的一代代革命先烈奋斗带给我们当下的岁月静好，我们当下的奋斗则直接决定未来之中国。

第三，不负明天的伟大梦想，明确方向，走好人生之路。如果我们在看待历史时将格局打开，不难发现，实现中华民族伟大复兴的中国梦是中国人民的百年之梦，摆脱贫困是中国人民的千年之梦。现在，我们前所未有地接近中国梦的实现，也解决了绝对贫困问题，创造了人类减贫史上的奇迹。而我们青年学生也应树立理想和目标，用每个人的人生梦想一起编织明天中华民族的伟大梦想。

朋友们，中国共产党因为始终明确"中国共产党是什么、要干什么"，所以能在苦难中铸就辉煌。于我们而言，也需回答好"我是谁、我要干什么"，方能心有所向，行稳致远。

2021 年 12 月于西安

探寻"中国共产党为什么能"的密钥

于 悦

(2020级思想政治教育·卓越教师实验班)

党的二十大报告强调:"江山就是人民,人民就是江山。中国共产党领导人民打江山、守江山,守的是人民的心。"人民是中国共产党执政兴国的最大底气,是党的事业能够不断取得成功的关键密码,是中华民族实现伟大复兴的根本力量。从历史和现实来看,人民性是中国共产党的鲜明特质,是区别于其他一切政党的根本标志。习近平总书记指出:"中国共产党来自人民、植根人民,初心和使命是为中国人民谋幸福、为中华民族谋复兴,根本宗旨是全心全意为人民服务。"坚持以人民为中心是中国共产党的成功之道,是解开"中国共产党为什么能"的密钥。

一、"中国共产党为什么能"?是因为中国共产党没有自己的特殊利益,永远把人民对美好生活的向往作为奋斗目标

《中共中央关于党的百年奋斗重大成就和历史经验的决议》鲜明指出:"党代表中国最广大人民根本利益,没有任何自己特殊的利益,从来不代表任何利益集团、任何权势团体、任何特权阶层的利益,这是党立于不败之地的根本所在。"百年来,中国共产党紧紧围绕中国共产党是什么、要干什么这个根本问题,把握历史发展大势,坚定理想信念,牢记初心使命,始终谦虚谨慎、不骄不躁、艰苦奋斗,不为任何风险所惧,不为任何干扰

所惑，决不在根本性问题上出现颠覆性错误，以咬定青山不放松的定力成功实现既定目标，以行百里者半九十的清醒不懈推进中华民族伟大复兴。党所做的一切都是为中国人民谋幸福、为中华民族谋复兴，都是为了中华民族的延续和发展。100年来，党向人民、向历史交出了一份优异的答卷。

实现共同富裕是人民对幸福生活的企盼，也是中国共产党执政兴国的重要关切和扎实推进的政策目标。实现2020年全面建成小康社会的目标，难点在于集中连片特困地区的脱贫问题。这些地区多是革命老区、少数民族聚居区、边疆地区，基础设施和社会事业发展滞后，生态环境脆弱，自然灾害频发，贫困人口占比和贫困发生率高，人均可支配收入低，脱贫任务重，越往后脱贫成本越高、难度越大。近些年来，习近平总书记走遍了全国十四个集中连片特困地区，从黄土高坡到雪域高原、从西北边陲到云贵高原，深入基层进行实地考察，入户看望老党员和困难群众，可见党对贫困群众的深深牵挂。脱贫攻坚战的胜利是实现共同富裕的基础，是尊重和保障人权的重要体现，充分说明了中国共产党的领导是中国特色社会主义制度的最大优势。

二、"中国共产党为什么能"？是因为中国共产党是深深植根于人民的政党，始终坚持以人民为中心的发展思想

新民主主义革命时期，中国共产党为维护人民群众的根本利益，积极解决土地问题，领导人民打土豪、分田地。"中国共产党人必须具有全心全意为中国人民服务的精神"被正式写入党章，成为共产党员的思想引领和行为规范；新中国成立后，党没有骄傲自满，而是始终牢记为人民服务的宗旨，推动社会主义革命和建设取得了一系列成就；改革开放初期，中国共产党打破对传统社会主义的认知，提出"贫穷不是社会主义"，强调要实现"共同富裕"。党始终强调，人民是党和国家工作的阅卷人。在全面小康路上"不让一个人掉队"，在全面依法治国中"努力让人民群众在

每一个司法案件中都能感受到公平正义",在全面深化改革中"人民有所呼、改革有所应",在全面从严治党中坚决推倒隔在党和人民群众间的"无形之墙"。这些关乎国之大计、党之根本的战略性决定,无一不体现出党全心全意为人民服务的根本宗旨。正是坚持着以人民为中心的发展思想,中国共产党赢得了人民的拥护和爱戴,社会发展呈现出一片蒸蒸日上的景象。

作为马克思主义政党,中国共产党始终把人民放在心上。"我将无我、不负人民""人民对美好生活的向往,就是我们的奋斗目标""发展全过程人民民主,保障人民当家作主",领导人真切的话语体现了中国共产党对人民群众主体地位的深刻认识和对马克思主义人民观的不懈践行。党的二十大报告中"人民"二字更是出现了百余次,可见中国共产党执政为民的决心和对以人民为中心的发展思想的坚持。

三、"中国共产党为什么能"?是因为中国共产党充分尊重人民的首创精神,不断从人民中汲取磅礴力量

人民群众是历史的主体,是历史的创造者。中国共产党尊重人民的首创精神,在不同时代和人民一同开天辟地,带领人民一步步走向世界舞台的中心。新民主主义革命时期,面对国民党反动派的突然围剿,党紧紧依靠群众,坚信"人民群众是真正的铜墙铁壁",带领根据地军民痛击一切来犯之敌;面对日寇一次次"清乡""清剿"和惨无人道的"三光"政策,党全力推动民族大觉醒、民众大团结,最终让日本侵略者止步于人民战争的汪洋大海;面对国民党的肆意挑衅和突然进犯,党领导军民奋起还击,发动人民群众广泛参与、踊跃"支前",彰显出人民群众的广泛力量。

社会主义革命和建设时期,中国共产党依靠广大人民群众取得了社会主义革命和建设的伟大成就,实现了中华民族有史以来最为广泛而深刻的社会变革,实现了一穷二白、人口众多的东方大国大步迈进社会主义社会的伟大飞跃。改革开放和社会主义现代化建设新时期,中国共产党依靠广

大人民群众继续探索建设社会主义的正确道路，解放和发展社会生产力。对外开放、发展社会主义市场经济等一系列改革举措让人民逐渐富裕起来，为实现中华民族伟大复兴提供了与时俱进的体制保证和快速发展的物质条件。中国特色社会主义进入新时代，中国共产党依靠广大人民群众实现了第一个百年奋斗目标，开启了实现第二个百年奋斗目标的新征程，朝着实现中华民族伟大复兴的宏伟目标继续前进。

"江山就是人民，人民就是江山。"这是从中国千百年历史实践中总结出的经验，也是中国共产党始终遵循的理念。"坚持以人民为中心"深刻反映了我们党来自人民，服务人民，始终站在人民立场上的品质，是解开"中国共产党为什么能"的密钥。中国共产党也必将始终坚持人民立场，领导中国人民在中华民族伟大复兴的道路上继续前进。

2022 年 11 月于西安

第二章

复兴画卷

徐徐展开

打赢脱贫攻坚战

赵博韬

（2018级思想政治教育·卓越教师实验班）

中国有一句俗语是这样说的："足寒伤心，民寒伤国。"贫困以及因贫困而更加尖锐的疾病、饥饿、社会冲突等一系列问题，困扰着许多国家的发展。从"春种一粒粟，秋收万颗子""锄禾日当午，汗滴禾下土"之中，我们读到了农民"四海无闲田，农夫犹饿死"的果腹之难；从"安得广厦千万间，大庇天下寒士俱欢颜"之中，我们体会到百姓"床头屋漏无干处"的避寒之难。从这些耳熟能详的诗句中，我们可以读出，脱离贫困是中华民族几千年来的梦想。因为贫困，我们挨饿受冻；因为贫困，我们被迫早熟；因为贫困，我们有太多的"总把辛酸作笑谈"。

一、贫困，曾经是多少人的青春记忆

在新中国成立初期，因为物质资源极度匮乏，我国开始实行粮食统购统销政策。以粮票、油票等上百种票证为代表的计划供应制度，为解决全国人民的温饱问题、满足基本生活需求发挥了重要作用。小到粮票、布票，大到冰箱票、洗衣机票、自行车票、缝纫机票，百姓在衣食住行中的必需品都要凭这些票证来购买。当时，如果没有票证，人们即使有钱也寸步难行。

在那个时期，有这样一位青年，他从北京扎根到陕北的农村，这一扎就是7年之久。他，就是青年习近平。习近平总书记曾说："我人生第一步所学到的都是在梁家河。不要小看梁家河,这是有大学问的地方。"青年习近平在梁家河村不到两年的时间里,办铁业社、种烤烟、搞河桥治理、打坝淤地等工作一项项有序展开。原本,梁家河只是陕北地区一个默默无闻的小村落,"落后"与"贫穷"是它的代名词。虽然说它是公社的所在地,处于自然条件相对较好的地段,但在当时既不通公路又不通电,村民们都过着"日出而作,日落而息"的简朴生活。如今,伴随着中国改革开放的不断深化,梁家河这个小山村,已经告别了传统的农耕生活。村里修起了平坦的柏油路,村民们住上了坚固的砖瓦房,也通了互联网,耄耋耆老享有基本养老,垂髫稚童可以接受良好教育。

不只是陕北的梁家河村,短短几十年,广东深圳,从海湾里发展出中国一线城市;上海浦东,从滩涂中崛起了一座现代化城市。正如习近平总书记所说:"梁家河这个小村庄的变化,是改革开放以来中国社会发展进步的一个缩影。"

二、脱贫攻坚,我们一直在行动

2019年7月,刚刚结束了期末考试的我,跟随"三下乡"暑期社会实践队伍前往当时的国家级深度贫困县——陕西省白河县进行社会实践。在这次实践活动中,我印象最深的地方是白河县职业教育中心的一间教室。这个教室的特别之处在于:没有椅子、没有讲桌,更没有黑板,但是有一排躺椅排在墙边。这是修脚师的学习教室,我们上课是坐着看书,他们上课是蹲着捏脚。我情不自禁地蹲在一个女工旁边,问她:"这份工作累吗?"她说的一句话,我现在依然记得:"修完脚的手是臭的,但是一想到未来的日子,光想想就觉得甜。"

结束社会实践回到学校后,我们实践小组对于在白河县的所见所闻久久不能忘怀,我们有一种想要为他们继续做事情的愿望。于是经过周密而详尽地策划与准备，我们带着热情为白河县的孩子们进行了两个月的线上支教，我们的教学是按照孩子们想听什么就开什么课的原则进行设计。比如，有引导他们珍爱生命、学会生存、幸福生活的"三生教育"课堂，有带他们了解国际国内形势的"时政热点"课堂，还有远程带着他们一起做手工、画漫画的"艺术鉴赏"课程。这一系列线上支教课程受到老师、家长、学生的一致好评。令人欣喜的是，在2020年，白河县累计减贫6.6万人，74个贫困村全部脱贫摘帽，白河县也正式退出了贫困县序列。

三、打赢脱贫攻坚战，开启新的奋斗征程

夜间灯光明亮图通常用来表达经济发展程度，灯光越亮意味着经济越发达，反之，则意味着经济的落后。夜间灯光明亮图显示出我国东部沿海地区已经接近发达国家水平，然而中西部地区仍欠发达。随着经济的迅速发展和脱贫事业的不断推进，我们国家划分出了14个集中连片特困地区。这些地方的贫穷程度，从当地流传的谚语中可见一斑。吕梁地区的山区中有这样一句谚语："山上和尚头，坡坡鸡爪勾。种地难见苗，十亩一担挑。"地处新疆南疆的三地州有谚语说："一年一场风，从春刮到冬。氧气吃不饱，风吹石头跑。天上无飞鸟，地上不长草。六月下大雪，四季穿棉袄。"读完这些谚语，我感叹道："我们常说'一方水土养一方人'，而现实有时却是'一方水土难养一方人'。"

"民亦劳止，汔可小康"的千年梦想，将在我们这一代人的奋斗中实现。脱贫只是第一步，意味着困扰中国人民的绝对贫困将不复存在，但是在发展的不平衡与不充分下的相对贫困依然存在。在脱贫攻坚战后，我国又进一步提出乡村振兴战略，进一步帮助群众提高生活水平。国务院决定，从2014年起将每年的10月17日设立为"扶贫日"。一零一七，也被广大网友谐音为"邀您一起"。相信在全党全国人民的共同努力下，小康路

上不让一个人掉队，脱贫路上一个人也不会少。

经过长期的艰苦奋斗，我们即将赢得脱贫攻坚战的胜利。但是这并不意味着努力的结束，而是向我们提出了巩固扩大脱贫攻坚成果，推进贫困地区进一步发展的新要求。2020年4月20日，习近平总书记来到陕西商洛市柞水县小岭镇金米村考察脱贫攻坚情况时就明确指出，脱贫摘帽不是终点，而是新生活、新奋斗的起点。接下来要做好乡村振兴这篇大文章，推动乡村产业、人才、文化、生态、组织等全面振兴。再接再厉，一鼓作气，让我们走好脱贫攻坚的"最后一公里"，打赢脱贫攻坚战，开启新的奋斗征程！

2020年11月于西安

扎实推进共同富裕

| 姬晨曦
（2020级马克思主义基本原理专业硕士研究生）

  面对世界第一大执政党走过的非凡历程，人们总在惊叹，为什么中国共产党历经无数艰难险阻，却仍能带领人民建成小康社会？其中究竟有什么秘诀？党的二十大指出，中国共产党自成立以来，始终把为中国人民谋幸福、为中华民族谋复兴作为自己的初心使命。经过长期实践，积累了坚持党的领导、坚持理论创新等宝贵历史经验，这是党和人民共同创造的精神财富，必须倍加珍惜、长期坚持，并在实践中不断丰富和发展。其中，"坚持理论创新"作为党百年来的宝贵历史经验之一，指的是中国共产党坚持解放思想、实事求是、与时俱进、求真务实，不断推进马克思主义中国化时代化。正是坚持理论创新，中国共产党才得以在百年发展中，以科学的理论指导为人民谋福祉的实践，依时依势推进共同富裕的更高水平发展。

  在旧中国，广大农民既没有土地，还要遭受地主的剥削，食不果腹早已成为生活的常态。而近代以来，中国农民更是深受帝国主义、封建主义和官僚资本主义的三重压迫。历史上久久未能解决的农民问题，时刻牵动着中国共产党人的心。为了改善民生，保障农民生存权利，在土地革命时期，中国共产党就开始领导人民"打土豪、分田地"，在这个过程中，广大农民分到了土地、农具、耕牛等，农业生产得到了极大保障；在全面抗日战争时期，陕甘宁边区实行"减租减息"政策，既减轻了农民的压力，也调动了农民的积极性；到解放战争时期，《中国土地法大纲》实行耕者有其田，更是让广大农民的日子一天天有了盼头。

1949年，中华人民共和国成立让人民翻身做了主人。1953年12月，中共中央《关于发展农业生产合作社的决议》中，"共同富裕"这个概念第一次被明确提出。"共同富裕"四字通俗易懂，让广大人民对社会主义有了初步了解，也对共同富裕产生了憧憬与向往。

心有所向，还要脚踏实地。通过对个体农业的社会主义改造，广大农民找到了最终通向共同富裕的社会主义道路，共同富裕有了根本的制度保障，人民对共同富裕的追求有了逐步成为可感可见的现实的可能。

党的十一届三中全会揭开了改革开放的伟大序幕。在这次会议上，邓小平明确宣告："中国要在20世纪末初步实现现代化。"1年后，日本首相大平正芳好奇地问道："小平先生，你能说说你们中国所说的要在本世纪建设成的四个现代化，到底是个什么样子？"小平同志答道："到那时我们的国民生活水平会达到什么样的程度呢，就是可以吃饱穿暖——我把这个叫作小康。"

当时，"小康"概念的提出，一时还难倒了翻译。这是因为，作为从古至今中国人民的美好愿望，"小康"在中国共产党人的话语中，有了新的内涵。它不仅蕴含着我们对现代化的理解，更饱含着中国共产党要让人民越来越富裕的承诺。

中国共产党以共同富裕的理论创新引领实践创新，极大地改善了人们的生活条件，丰富了人们的衣食住行，饮食绿色健康，出行方便快捷，生活多姿多彩，我们的富裕之路越走越宽，越走越明亮。

改革开放使中国的发展充满了活力，但收入差距问题却出现了，面对贫富不均的现象，中国会不会走向资本主义道路？1992年，在中国南方进行了一系列考察之后，邓小平同志明确提出："社会主义的本质是解放生产力，发展生产力，消灭剥削，消除两极分化，最终实现共同富裕。"

这些论断将"共同富裕"提升到社会主义本质的高度,是以邓小平同志为核心的第二代中央领导集体的一个极为重大的理论创新。

世纪之交,"西部大开发"宛如一声春雷唤醒了广袤的大地,为实现共同富裕开辟了一条广阔的道路。为实现协调发展,以江泽民同志为核心的党的第三代中央领导集体提出:"在建立社会主义市场经济体制的同时,要兼顾效率与公平,实现发展成果由人民共享。"随后,"全面建设小康社会"的提出也让共同富裕有了明确的阶段性目标,城乡、区域的发展也更加均衡合理。

党的十八大以来,以习近平同志为核心的党中央矢志不渝坚持共同富裕的奋斗目标,强调"共同富裕是中国特色社会主义的根本原则,社会主义要实现全体人民的共同富裕,而消除贫困,是一个底线任务"。胜利完成脱贫攻坚的历史任务,为扎实推进共同富裕奠定了坚实基础。

随着第一个百年奋斗目标的完成,新的问题接踵而至:在迈向第二个百年奋斗目标的新征程中,我们该怎样继续发展呢?党中央做了新的规划部署。

2020年10月,党的十九届五中全会提出,到2035年"要使全体人民共同富裕取得更为明显的实质性进展"。7个多月后,《中共中央国务院关于支持浙江高质量发展建设共同富裕示范区的意见》正式发布,浙江率先成为建设共同富裕示范区的"探路先锋"。

建设共同富裕示范区,推动高质量发展,既是全面建设社会主义现代化国家的必然要求,也是我们党百年来实现全体人民共同富裕的不变承诺。

100年来,从耕者有其田到提出新发展理念、从保障农民民生的土地革命到共同富裕示范区的建立,在一代代中国共产党人的理论创新中,我们既看到了责任与担当,也看到了党致力于实现人民共同富裕的庄严承诺。

在此过程中,我们对于"共同富裕"逐渐有了明确的认识:共同富裕,是物质和精神生活都富裕,是全面的多位一体的富裕,是全体人民的富裕,而只有坚持中国共产党的领导，坚持理论创新，才能逐步实现共同富裕。通过一次次共同富裕的理论创新，我们提出了更为全面、可持续的发展经济的思路，促进了经济的均衡增长；通过提供更具体、切实可行的政策建议，促进收入分配更加公平合理；通过推动教育、文化、医疗等多领域的均衡发展，使每个人都能够充分发挥自己的潜力，实现自由全面的发展。

  如今，我们已经顺利实现了第一个百年奋斗目标，在实现第二个百年奋斗目标的新征程中，我们仍要不忘初心、勇担使命。新征程中，我们要坚持理论与实践相结合，既要读万卷书，也要行万里路；既要认真学习理论知识，也要把青春的答案写在祖国大地上。让我们携起手来，为第二个百年奋斗目标的实现，为共同富裕的美好未来而努力吧！

2022 年 11 月于西安

实现千年小康梦

> 朱 笛
>
> (2020级思想政治教育·卓越教师实验班)

党的二十大上,习近平总书记在总结新时代10年工作时指出,10年来我们经历的对党和人民事业具有重大现实意义和深远历史意义的三件大事,其中一件便是:完成脱贫攻坚、全面建成小康社会的历史任务,实现第一个百年奋斗目标。

在中国共产党历史展览馆三层第九展厅里,有一尊由青铜铸就的"小康宝鼎",在它前面方形衬石上刻着这样的铭文:"以民为本,吾党所向。民族复兴,百年担当。摆脱贫困,全面小康。惠此中华,以利四方。"字字千钧的铭文将脱贫攻坚这段波澜壮阔的历程拉回到了我们眼前。十八大以来,以习近平同志为核心的党中央领导全国各族人民,历经精准扶贫、脱贫攻坚,共同奋斗,胜利完成了消除绝对贫困这一历史遗留难题,书写了一个彪炳史册的人间奇迹。

一、一言九鼎:向老百姓做出的承诺,一定要兑现

众所周知,改革开放前的中国是一个基础差、底子薄,发展不平衡,长期饱受贫困问题困扰的国家。改革开放以来,党领导人民为战胜贫困进行了长期不懈的努力,这在一定程度上大幅削减了我国贫困人口的比重。但截至2012年底,我国现行标准下农村贫困人口尚有9899万人。针对这一情况,习近平总书记明确提出:"全面建成小康社会,一个也不能少;

共同富裕路上，一个也不能掉队。"在实现千年小康梦的征途中，农村贫困地区是最大的短板，脱贫攻坚是圆梦的"底线任务"，全面脱贫则是实现小康梦的基本标志。

一份承诺，几载汗水；一分部署，九分落实。西部地区特别是民族地区、边疆地区、革命老区、连片特困地区贫困程度深、扶贫成本高、脱贫难度大，是脱贫攻坚的重中之重。为破解这一难题，五级书记抓扶贫，全党动员促攻坚。人们看到广大党员干部走进大山，走进乡村，走向田野，画出了一张张脱贫攻坚决战图，迎来了一张张老百姓丰收的喜悦和幸福的笑脸。

脱贫攻坚的背后，是2015年中央扶贫开发工作会议期间，中西部22个省区市的党政主要负责同志向党中央签署的脱贫攻坚不获全胜决不收兵的"军令状"，是省、市、县、乡、村层层签订的脱贫攻坚责任书，是25.5万个驻村工作队、300多万名第一书记和驻村干部、200余万名乡镇干部和数百万村干部一道奋战在扶贫一线的忙碌身影，他们共同兑现了草果红、麦浪香，小康路上一个都不能少的铮铮誓言。

二、人民伟力：脱贫攻坚是干出来的，靠的是广大干部群众齐心

20世纪70年代之前，袁家村是一个"点灯没油，耕地没牛，吃粮靠救济，住房潮湿破旧，小伙子难讨媳妇，群众选不出好头"的"烂杆村"。全村37户人家，大多住在低矮的土坯房中，有15户甚至住在地坑窑里。1970年袁家村党支部书记郭裕禄上任，这一干，就是30多年。他对村民说得最多的一句话是："我们是要靠乡上、县上、省上来改变我们吗？不是，我们要靠我们自己，只有袁家村人才能改变袁家村的面貌。"袁家村发展了粮食生产和集体经济，走出了集体致富的路子。1990年4月，时任中共中央政治局常委、书记处书记李瑞环前往袁家村视察，挥笔为袁家村题写了"劳动致富，无尚光荣"八个大字。

2007年，郭占武回村接替父亲担任了村党支部书记，在老书记期待的目光里，郭占武带领村干部一班人，开启了袁家村全新的发展之路。他

带领村民因地制宜发展旅游，动手修建了袁家村旅游的第一条街道——康庄老街。2015年脱贫攻坚战打响之后，袁家村采取"党支部＋合作社＋乡村旅游"的方式，多管齐下，通过公司带动、投资入股、创业平台、就业岗位四种脱贫路径，把周边村200户611名贫困群众嵌入旅游业链条，村民变成了创业主体、经营主体和受益主体，并用股份合作的方式调节收入分配，致力于实现全体村民的共同富裕。

袁家村在促进富民兴村、推进全面小康过程中，村两委主动作为，把村民喊了回来、留了下来，加大对农民教育、农业科技、产业发展的投入，调动了广大农民群众致富强村、建设家园的积极性，把实事好事办到老乡心坎上，让群众的钱袋子鼓起来、幸福感强起来、满意度升起来。袁家村成功走上致富路，依靠的不仅是党的好政策、符合实际的发展模式，还有基层干部和群众能够想到一起、干到一起，拧成一股绳、共做一件事，形成了脱贫致富的强大合力。

三、奋斗圆梦：幸福不会从天降，美好生活靠劳动创造

陕西省铜川市耀州区关庄镇道东村建档立卡贫困户共有78户242人，脱贫攻坚战打响以来，道东村贫困户中出现了种种"软骨病"："宁愿苦熬，不愿苦干""心里很想，苦于不会"……关庄镇镇长焦建军说："贫困是表象，缺乏脱贫志气才是穷根，'励志'是突破口。"于是道东村想出了一个"八星励志"的办法，并按照日走访、月碰头、季评星、年表彰的方式为贫困户评星定级。

贫困户李战文起初"等靠要"思想严重。"八星励志"牌贴到了每个贫困户的家门口，第一季度李战文一星未得，他原本并不十分在乎。贫困户陈海玲和丈夫都有残疾，一家人的日子过得紧巴巴，但夫妇俩并不消沉，而是积极寻找致富门路，通过种植四亩苹果地实现营收，村干部敲锣打鼓为他们家贴上四颗"星"。这下李战文坐不住了，"人家两个残疾人都能拿上星，我却啥也没有，太丢人了"。于是，他去找帮扶干部："我想养

蜂，行不行？"2017 年，经过不懈奋斗，李战文依靠养蜂赚了 8000 多元，一举脱贫。从此，"幸福不能'等要靠'，奋斗致富最重要"成了李战文的口头禅。

从 2017 年 10 户到 2019 年共有 73 户贫困户获星，"争拿星、争脱贫"在道东村蔚然成风，三个"满星户"更成了村民眼里的脱贫明星。道东村出去干活谋事的多了，游手好闲的少了；想着法子致富的多了，讨要救济的少了，道东村的群众都有了股把日子往上奔的劲头。贫困不是宿命，只要肯奋斗，就一定能战胜它。只有励志图强，敢于奋斗、善于奋斗、不懈奋斗，才能迎来阳光取得胜利。

千年小康梦，十年奋斗圆。"脱贫攻坚路上有千千万万的人，我就是其中一个小小的石子。其实走到最后，走到今天，虽然有苦，还是甜多。"奉献者用朴素的话语描绘着脱贫攻坚路上的奋斗足迹，老百姓更是在迈向美好生活的幸福路上深情地说："我们已经摆脱了贫困，以后靠我们老百姓勤劳的双手、靠我们党的好政策，我们会过上幸福的生活，小康的生活。"这又何尝不是一场美好的双向奔赴呢？

2022 年 11 月于西安

我观奥运：要金牌，不唯金牌

赵 颖

（2019级思想政治教育·卓越教师实验班）

说到奥运会，必定绕不开金牌。对于金牌，我们曾经有过近乎痴迷的渴望，而当我们经历了2008年北京奥运会的辉煌和伦敦、里约奥运会的成就后，在东京奥运会的舆论场上，一些人又从痴迷金牌的极端，落入了"金牌无用"的极端，认为"中国强大了，金牌无用了"。祖国日益强大的今天，奥运金牌还有用吗？

于奥林匹克精神本身而言，金牌是断然不能说成是无用的。奥林匹克精神追求"更快、更高、更强、更团结"，那金牌所代表的勇攀高峰的勇气、向人们传递的积极向上的追求，不正是奥林匹克精神的应有之义吗？在东京奥运会各个项目比赛中，男子73公斤级举重最令我印象深刻。中国选手石智勇一出场就展现出对于更高、更快、更强的追求，他说："不只是金牌，我还要刷新世界纪录。这就是我。"反观一些网友，却热衷于宣扬金牌无用，我想，这不是给运动员们减压，倒有些类似一种"精神胜利法"。

夺金的背后，是团结与传承。从北京到伦敦，从里约再到东京，每一届奥运会都能带给人们不同的感动。记得电影《我和我的祖国》的《夺冠》篇中，街坊邻居凑在一起，围着一个小小的电视机观看女排比赛。而当夺冠时刻，人们甚至高兴得跳了起来，互相分享喜悦，中国女排的夺冠成为一代人的共同记忆。也许有人会说，那时候人们这么激动是因为中国太缺金牌了。我想对这些人说，不妨就看看"不缺金牌"的当下吧，当杨倩、陈梦等奥运健儿夺金，从老人到中年人再到青年甚至孩童，从微博、朋友圈、抖音等各个平台到各家各户的电视机前，人们是不是仍然欢欣雀跃？既然说中国不缺金牌了，金牌无用了，那夺金后为什么都还会喜悦呢？这岂不是自相矛盾吗？

我上初中的弟弟就很喜欢看奥运，尤其是中国队夺金的时候更是无比激动。我问他为什么，他说："为国争光。"这让我不禁想起庆祝中国共产党成立100周年大会上，共青团员、少先队员代表高呼着"请党放心、强国有我！"虽然时至今日，处于强国新征程上的中国已经不需要用一枚金牌来向世界证明自己的存在，但是奥运会从不单纯是一场体育盛会，它是"展现国家形象、振奋民族精神、激发爱国热情"的重要赛事。同一片土地，变换的时空，从刘长春远渡重洋、独赴盛会，到许海峰实现中国奥运金牌"零"的突破，到北京之约实现中国人民百年奥运梦，再到如今奥运赛场上冉冉升起的一面面五星红旗，中国再也不处于百年前那个积贫积弱、被动挨打的局面了！我们的祖国正以自信从容的大国姿态，向着建设社会主义现代化强国迈进。如今，奥运会对于我们来说是一场团结的盛会、传承的盛会，这是十四亿爱国心的团结，这是中国历史的传承，这是中国精神的传承！夺金的瞬间，国歌声在奥运赛场响起来的时候，相信没有一个中国人会说自己的内心毫无波澜。奥运金牌的价值不在于其数量，而在于全体运动员和中华儿女传递的团结一心、自强不息、敢拼敢赢的精神。对于运动员自身来说，金牌也是他们从小到大奋斗努力的目标，是激励他们克服各种挫折和考验的动力源泉。

当然，说金牌有用并不意味着要指责没有拿金牌的运动员们，恰恰相反，"唯金牌论"不可取。习近平总书记曾强调："成绩不仅仅在于能否拿到或拿到多少块奖牌，更在于体现奥林匹克精神，自强不息，战胜自我、超越自我。"所有自强不息、努力拼搏的运动员，都值得最大的尊重和祝贺！乒乓球被誉为我国的"国球"，也是每届奥运会的夺金大项，很多人都会觉得中国拿乒乓球金牌是无比正常、理所当然的。但同时更应该看到，每一枚金牌的获得都是运动员们一分分拼出来的，是运动员们克服压力、调整心态、挥洒汗水，一步一步稳扎稳打赢来的。乒乓球从小组赛、八分之一决赛、四分之一决赛、半决赛到决赛，若是一路顺利，需要进行五场比赛，每场比赛七局四胜，一局之内十一分获胜，若要站上领奖台，最少也需要赢二百二十个球，经过几百个回合。这一过程中，也会惊心动魄，也会紧张，也会有压力，谁也不能说有100%的保证，更不用说二百二十个球之外，运动员们数年如一日的刻苦训练了。当一些网友面对失利轻轻松松说出对运动员们的指责甚至谩骂时，是不是应该仔细想一想他们的长期艰苦付出呢？

在我看来，只要有了旺盛的斗志、昂扬的精气神儿，为责任、为梦想、为荣誉，做到了不惧困难、全力以赴、问心无愧，那么即使没有得到有形的金牌，他们也是英雄，仍然可以骄傲地继续向前、为国而战！正如歌曲《不忘初心》中所唱，"生生不息只为了那一份托付，无惧风雨迎来新日出"。

同时，在建设体育强国的层面论及奥运金牌，唯金牌论同样不可取。《中华人民共和国国民经济和社会发展第十四个五年规划和2035年远景目标纲要》明确指出，到2035年我国要建成体育强国、健康中国。毋庸置疑，奥运金牌的不断取得是建设体育强国的重要成就，但并非全部。建设体育强国需要以人民健康为中心，落实全民健身国家战略，普及全民健身运动，促进健康中国建设，让体育事业成为中华民族伟大复兴的重要推动力。

最后我们再来看开头的问题，奥运金牌有用吗？有用！但是，我们要金牌，不唯金牌。

2021年7月于青岛

维护国家安全，筑牢复兴根基

李智祥

（2021级思想政治教育·卓越教师实验班）

国家计算机病毒应急处理中心相关调查报告显示，近年来美国国家安全局对中国国内的网络目标实施了上万次的恶意网络攻击，窃取了超过140GB的高价值数据。美国的网络窃密行径不仅给我国网络信息安全工作带来了严峻的挑战，也为我国大力加强国家安全建设，建立周密系统的国家安全体系，提出了紧迫的要求。国泰民安是人民群众最基本、最普遍的愿望。实现中华民族伟大复兴的中国梦，保证人民安居乐业，国家安全是头等大事，我们必须筑牢国家安全这一民族复兴根基。

一、非凡历程谋发展，国家安全迎蝶变

其实，网络安全威胁只是我们面临的多种国家安全威胁的一种。习近平总书记深刻指出："当前我国国家安全内涵和外延比历史上任何时候都要丰富，时空领域比历史上任何时候都要宽广，内外因素比历史上任何时候都要复杂。"

回顾近10年不平凡的历程，我们看到维护国家安全的制度体系、理论成果一步步成熟并结出累累硕果。2014年4月15日，中央国家安全委员会第一次全体会议召开，习近平总书记亲自担任中央国安委主席，他提

出"走出一条中国特色国家安全道路"。在这次会议上，习近平总书记首次提出总体国家安全观，并系统论述了总体国家安全观的基本内容。习近平总书记指出，坚持总体国家安全观，"必须坚持国家利益至上，以人民安全为宗旨，以政治安全为根本，统筹外部安全和内部安全、国土安全和国民安全、传统安全和非传统安全、自身安全和共同安全，完善国家安全制度体系，加强国家安全能力建设，坚决维护国家主权、安全、发展利益"。这一重大论断，深刻揭示了中国特色国家安全道路的丰富内涵和实践要求。

总体国家安全观把我们党对国家安全的认识提升到新的高度和境界，为破解我国国家安全面临的难题、推进新时代国家安全工作提供了基本遵循。总体国家安全观具有系统性、全面性、可持续性的特点，既是认识论，又是方法论，是新时代维护国家安全的行动纲领和科学指南，对加快推进社会主义现代化、实现中华民族伟大复兴、共同推进国际和平与安全具有深远的意义。

二、国家安全为人民，国家安全靠人民

中国共产党全心全意为人民服务，没有自己的特殊利益。国家安全工作始终坚持以人民安全为宗旨。国家安全看起来离老百姓远，但是国安是民安的前提，只有国家稳定安全，人民才能安居乐业。近10年来，我国刑事案件、安全事故等"五项指数"大幅下降，民众安全感明显提升，当今中国成为世界上公认的最安全的国家之一。稳定、安全的社会环境为人民群众幸福生活提供了良好的条件。国家安全事关每个中国人的生活，没有"局外人"，维护国家安全是全体人民根本利益所在，也是每一位中国人义不容辞的责任。

2021年6月，广州的徐先生驾驶渔船与朋友在南海一座岛礁钓鱼时，

在礁上捡到一个可疑的电子装置，这台设备让徐先生产生警觉，他决定将其带走。没想到，徐先生的船刚开走不久，就有一艘布满天线的外国船只跟了过来，并用小艇派出两名男子前来交涉，要求徐先生将设备归还。徐先生的船员有点担心，建议徐先生将这台设备扔掉。"他们这么急着要回去，肯定有猫腻，设备不能落回他们手里！"徐先生让船员加速开船返回，对方一直尾随了十几个小时，直到接近我海军基地，才悄悄离开。经广东省国家安全机关检测，该设备系某国非法在我境内海域收集发送信号的专用设备。这起可能危害我国领土安全、海洋安全的风险隐患事件，得到及时制止。国家安全就在我们身边，我们应该积极参与建设人人有责、人人尽责、人人享有的社会治理共同体，以实际行动履行维护国家安全的义务。

三、强国之路正扬帆，国家安全来保障

党的二十大对维护国家安全工作做出规划部署，"到 2035 年，国家安全体系和能力全面加强"，而到本世纪中叶，我们要实现建成综合国力和国际影响力领先的社会主义现代化强国目标，国家安全更是一项基础。"明者防祸于未萌，智者图患于将来。"在我国迈上全面建设社会主义现代化国家新征程，向第二个百年奋斗目标进发的过程中，国家安全面临的形势也会更为复杂。

国家安全面临的形势越复杂，越需要每个公民自觉履行维护国家安全的义务，在个人的工作和生活中提升维护国家安全的能力。敌对势力对于我国国家安全的破坏往往具有隐蔽性和迷惑性。当前，人民群众的整体国家安全意识在不断提高，但仍存在认知水平参差不齐、对新兴领域风险防范能力不足等问题。面对这种状况，我们应当不断充实自身的国家安全知识，增强鉴别能力，并号召大家积极参与国家安全建设，共筑国家安全的

钢铁长城。

习近平总书记指出："实现中国梦是一场历史接力赛，当代青年要在实现民族复兴的赛道上奋勇争先。"作为新时代青年，我们应该不负使命，履行维护国家安全的职责，积极学习总体国家安全观，用习近平新时代中国特色社会主义思想武装头脑，增强斗争意识和斗争本领。在日常生活中，发现危害国家安全的行为立即举报，积极参与国家安全知识宣传活动，用实际行动维护国家安全！

2022 年 11 月于西安

坚持文化"双创" 赓续文明血脉

刘玥苹

（2022级马克思主义基本原理专业硕士研究生）

西安"火"了！一提到西安，不知大家会先想到十三朝古都，还是网红不夜城呢？新时代10年来，西安俨然已经成了大家感受历史气息、重温大唐盛世的不二之选。从历史古都到网红城市的变迁，西安这座城市正在以独特魅力和全新面貌吸引着全国各地游客的到来。那么西安为什么会在短短10年内摇身一变、成为游客喜爱的网红城市呢？相信大家的答案各式各样，但总体上都绕不开的则是西安落实了"双创"方针，采取了一系列有利于中华优秀传统文化创造性转化、创新性发展的重大举措。

党的十八大以来，习近平总书记对传承弘扬中华优秀传统文化做出了一系列重要指示、提出了明确要求。习近平总书记在党的二十大报告中指出，新时代10年来，"中华优秀传统文化得到创造性转化、创新性发展，文化事业日益繁荣"。而西安的成功，正是新时代10年来中华优秀传统文化创造性转化、创新性发展的典型案例。

一、"双创"是传承弘扬中华优秀传统文化的科学指导方针

2014年，习近平总书记在纪念孔子诞辰2565周年国际学术研讨会暨国际儒学联合会第五届会员大会开幕会上讲话指出，要"努力实现传统文化的创造性转化、创新性发展，使之与现实文化相融相通，共同服务以文化人的时代任务"。如何实现中华优秀传统文化的创造性转化、创新性发

展，如何使之与现实文化、当代文化相结合，成为时代课题。习近平总书记提出的"双创"方针，科学回答了文化建设从哪里来、向哪里去，传承什么、怎样传承、谁来传承等重大问题；既纠正了对待中华传统文化的片面态度和偏激做法，廓清了虚无主义、复古主义、功利主义等思想迷雾，又对我们党在新形势下推动文化繁荣发展提出了方向明确、操作性强的要求，标志着我们党对文化发展规律和文化发展责任、路径的认识达到了一个新高度。

那么，何为"双创"呢？第一个"创"即创造性转化，就是要按照时代特点和要求，对那些仍有借鉴价值的内涵和陈旧的表现形式加以改造，赋予其新的时代内涵和现代表达形式，激活其生命力。第二个"创"即创新性发展，就是要按照时代的新进步新进展，对中华优秀传统文化的内涵加以补充、拓展、完善，增强其影响力和感召力。

要推动中华优秀传统文化创造性转化、创新性发展，以时代精神激活中华优秀传统文化的生命力。这是人民对美好生活的需要，是中国特色社会主义发展的需要，是中华优秀传统文化在治国理政中运用的需要，更是在世界文化交流互鉴中提供中国智慧的需要。

二、"双创"的关键在处理好继承和创新的关系

坚持中华优秀传统文化"双创"，关键是要处理好继承和创新的关系、处理好传统文化与当今时代的关系、处理好中西方文化间的碰撞冲突。在正确处理好继承和创新关系的基础上，为中华优秀传统文化找到现代的支点，引导其自然生长、融入我们的生活世界。

一方面，处理好继承与创新的关系，需要学会"古为今用"。2021年，河南春晚《唐宫夜宴》成功出圈，在短短五分多钟的舞蹈中，舞者们展示了唐朝少女们的博物馆奇妙夜之旅。在《唐宫夜宴》中，我们看到的是新时代多元文化与科技时代所酝酿的审美产物，它在保留古代人文景观、服饰艺术、宫廷文化的基础上，融入当代人精神世界的丰富内涵，具有强烈

的情感共鸣与现实意义。

但近年来一些文化复古主义现象也有所抬头,有人主张把汉服作为"国服",以孔元纪年;文化上的复古主义已无形中渗透到社会的各个领域。他们表面上打着弘扬传统文化的旗号,实质上却以封建主义思想和道德否定社会主义思想和道德。在实现中华民族伟大复兴的道路上,我们要警惕文化复古主义的侵蚀,既要继续坚持以马克思主义为指导,也要积极汲取中华传统文化的精华,不断推进文化自信自强。

另一方面,处理好继承和创新的关系,还需考虑"西为中用"。创新发展需要从外来文化中汲取丰富营养,而决不能故步自封、闭目塞听。当今世界是一个开放的世界,中外文化交流的深度和广度前所未有。坚持不忘本来、吸收外来、面向未来的原则,广泛借鉴各国优秀文化成果,吸收其长处和精华,做到西为中用、融会贯通,才能为中华优秀传统文化传承发展注入新的活力。

同时,随着网络的快速发展,有一部分自媒体博主总是挖空心思地制造话题,大肆泼投文化虚无主义的"迷魂汤"和"毒气弹"。习近平总书记指出:"文化是一个国家、一个民族的灵魂。"历史和现实都表明,一个抛弃了或者背叛了自己历史文化的民族,不仅不可能发展起来,而且很可能上演一场历史悲剧。面对文化虚无主义的肆虐,我们必须予以坚决回击和抵制,要不断推动中华传统文化创造性转化、创新性发展,坚定历史自信、文化自信,让中华文化在世界舞台上焕发出更加耀眼的光芒。

三、坚持"双创"是中华传统文化现代化转型的必由之路

党的十八大以来,中国在"双创"方针指引下取得的成功实践有目共睹,那么,如今我们又该如何对待"双创",不断传承、发展好中华优秀传统文化呢?

一方面,坚持和发展马克思主义,必须同中华优秀传统文化相结合。只有植根本国、本民族历史文化沃土,马克思主义真理之树才能根深叶茂。

习近平总书记强调："中华优秀传统文化是中华民族的突出优势，是我们在世界文化激荡中站稳脚跟的根基，必须结合新的时代条件传承和弘扬好。"中华民族有5000多年的灿烂文明，但近代遭遇了文明难以赓续的深重危机。正是中国共产党人用马克思主义真理的力量激活了中华文明，使它再次迸发出强大的精神力量。今天，中华优秀传统文化要再创新辉煌，同样需要同马克思主义基本原理紧密结合，来实现自身的提升与飞跃。

另一方面，以时代精神激活中华优秀传统文化的生命力，不断满足人民群众日益增长的精神文化需要。近年来，有许多文艺作品在中华优秀传统文化中积极寻找源头活水，加以匠心演绎、创新呈现，赢得了大众的喜爱。如舞蹈诗剧《只此青绿》不仅展现了东方美学的温颐敦厚，更有时代精神的表达，打通了传统与当下。这些根植中华文化、赋予时代审美的文艺作品，使中华传统文化触动到了更多人，让中华优秀传统文化更好地走进了人民群众当中。我们要坚守中华文化立场，提炼展示中华文明的精神标识和文化精髓，讲好中国故事、传播好中国声音，展现可信、可爱、可敬的中国形象。

当今世界正经历百年未有之大变局，实现中华民族伟大复兴正处于关键时期，传承和弘扬中华优秀传统文化迎来新的历史机遇，同时也面临一系列新课题和新任务。我们要不断开拓传统文化保护传承、守正创新之道，以时代精神激活中华优秀传统文化的生命力。新征程上，我们要坚持以习近平新时代中国特色社会主义思想为指导，更加自觉、更加主动地推动中华优秀传统文化同社会主义社会相适应，积极推动中华传统文化创造性转化、创新性发展，努力传承发展好中华优秀传统文化。

2022年11月于西安

讲好中国故事：展现可信可爱可敬的中国形象

于 悦

（2020级思想政治教育·卓越教师实验班）

2008年，国家体育场的夜空色彩斑斓，刘欢、莎拉·布莱曼那首舒缓温情的《我和你》通过电波传播到了世界上的每一个角落。2008年北京奥运会，不仅是运动的盛会，更是英语的盛会。中英双语的海报、旗帜随处可见，穿上蓝白相间志愿者服装的大学生练好了英语准备大显身手。204个国家和地区，来自世界各地的1.1多万名运动员齐聚北京，拉开了第29届夏季奥运会的序幕。2008年的我们，渴望借助奥运会的契机，让世界看到中国，我们想运用英语这一世界语言向外国朋友讲出真正的中国故事。14年后的中国早已不同往昔，中国的国际地位不断上升，国际影响力不断扩大。我们注重的不再仅是标志性的中国文化符号，而是更多地注重中国传统价值观和思维方式的表达，要展示真正的中国精神和文化韵味。在被世界看到之后，我们现在要做的，是让世界看懂中国，展现好新时代的中国形象。

金秋十月，中国共产党第二十次全国代表大会在北京开幕，习近平总书记在报告中强调，全面建设社会主义现代化国家，必须坚持中国特色社会主义文化发展道路，增强文化自信，增强中华文明传播力影响力。坚守中华文化立场，讲好中国故事、传播好中国声音，展现可信、可爱、可敬的中国形象，推动中华文化更好走向世界。

可信的中国形象，意味着中国作为新兴大国的能力、实力、诚意能被世界认可。互相信任是开展国际合作、实现共同发展的前提。随着近年来全球民粹主义、单边主义、逆全球化思潮的蔓延，全球普遍面临信任赤字问题。一方面，中国期待国际受众信任中国这一文明大国、东方大国对优秀灿烂文化、价值观的传承，全面理解中国共产党为人民谋幸福的初心、宗旨，认识中国的政治经济社会体制与中国国情的相互适应性。另一方面，中国也期待国际受众相信中国参与国际合作的诚意、承担国际责任的能力和决心。埃塞俄比亚为了发展国家经济，曾主动请求中国帮忙修建铁路，中国大气地接下了这个订单。起初碍于这个铁路的修建难度，许多西方国家还准备坐等看中国的笑话。没想到中国以超高的效率完成亚吉铁路的修建，亚吉铁路以其高速、高效的运输服务，极大地促进了埃塞俄比亚的经济增长，让埃塞俄比亚更加坚定了交好中国的决心，开始和中国展开更多基础设施方面的合作。随着中国国际影响力越来越大，加上良好的口碑，许多国家都愿意和中国保持长久的合作。如今中国已经有很多领域在世界处于先进水平，其中基础建设就是中国的一大王牌。许多国家所展开的基础设施建设，起初承接者并非中国，直到这些国家无力完成，中国才接过难题并成功完成。中国的一次次成功获得了各国的肯定，从而获得了"基建狂魔"的称号。中国的"基建狂魔"称号并非浪得虚名，这是我们凭借实力赢来的。

　　可爱的中国形象，意味着一个有吸引力的、可爱、值得喜爱甚至热爱的国家形象得到展示。随着北京冬奥会的举行，"冰墩墩"在国内外爆火，日本记者辻岗义堂因为对冰墩墩一见钟情，别的记者都去采访运动员的时候，他在连线时表示："花样滑冰的消息没有，让我来播报正在滑冰的冰墩墩消息吧！"边说还边炫耀他买的六个冰墩墩。冰墩墩带来的不仅是惊人的销量，它更成为一张中国名片，将中国独有的传统文化与审美传送至全球。可爱的中国形象对大多数国际受众而言更可能是感性的，从中国美食、中国功夫、中国戏曲、中国熊猫，到中国袁隆平、中国姚明、中国李子柒，中国有诸多文化符号深受世界民众的喜爱，中国精神和文化韵味也耐人寻味。北京冬奥会开幕式上，充满中国文化底蕴的二十四节气倒计时惊艳世界；闭幕式上，"折柳寄情"让世界看到了传统中国人的含蓄与深情。"相互尊重，平等相待""美人之美，美美与共""开放包容，互学互鉴"……这些中国传统文化和智慧也在"天下一家"的叙事中为更多人所理解与喜爱。

可敬的中国形象，意味着中国的历史文化、制度模式、责任担当、国内发展、国际贡献得到国际受众深层次的认同与敬重。中国不主张对外输出制度，但期待世界民众理解中国制度的逻辑和宗旨。可敬的中国形象，既包括"民族中国"的可敬，让国际民众敬重中国共产党、中国政府致力于引领中国人民发展的毅力与决心，也包括"全球中国"的可敬，让国际民众敬重中国作为大国的责任感和担当精神，以及人类命运共同体理念的世界意义。中国共产党的二十大在美国同样受到关注。多位美国学者和民间人士对中国"一带一路"倡议以及扎实推动联合国2030年可持续发展议程表示赞赏。美国哥伦比亚大学经济学教授杰弗里·萨克斯提出："中国在过去十年中提出了共建'一带一路'。近些年来，共建'一带一路'变得越来越绿色，可持续发展理念成为共建'一带一路'的核心主题，这是一个显著的贡献。我认为对一个需要在可持续发展问题上有所突破的世界来说，中国取得了很多进步并做出了巨大贡献。"美国中美研究中心高级研究员苏拉布·古普塔提出："习近平主席的一项重要举措就是与全球南方和北方国家建立发展合作和伙伴关系。我们看到了这一点，我们在'一带一路'倡议中看到了这一点。在国际体系动荡时期，中国一直是维持和平稳定的力量。"

讲好中国故事，不仅靠国家发力、媒体蓄力，也靠我们每个人的助力。共青团中央曾组织过这样一个活动：如果给你一个向世界展示的机会，你希望展现怎样的中国形象？有人用民乐合奏演绎了"中国式奇迹"，有大学生用多国语言传递了"中国式浪漫"，也有在华留学生用视频记录了"中国式传承"。这些青年人玩转短视频，用镜头聚焦美好，用音符"讲故事"，展现出了令人惊喜的创意和才华。这些鲜活生动的中国故事让可信、可爱、可敬的中国形象走向世界、深入人心。

年轻、自信、有想法，这是当代青年的特点，也是我们努力的方向。作为中国的年轻一代，我们是讲好中国故事的新锐力量。作为共青团员，我们要紧跟党的方向，立志做有理想、敢担当、能吃苦、肯奋斗的新时代好青年，更要树立坚定的民族自信心和自豪感，依靠自身实际行动，让中国了解世界，向世界展示中国。中国故事中的每一个字，都代表我们坚定的立场；每一个中国故事，都是中国一步步发展的见证。即使在纷繁多变的世界格局中，即使在暗流涌动的媒体话语环境中，我们也要扎扎实实做好眼前的事情，握好手中的话筒，讲好中国故事，以"青春之名"传递中国声音。

2022 年 11 月于西安

坚持胸怀天下　展现中国担当

王潇祎
（2021级马克思主义中国化研究专业硕士研究生）

2022年10月16日，党的二十大如期召开，这是全党全国各族人民迈上全面建设社会主义现代化国家新征程、向第二个百年奋斗目标进军的关键时刻召开的一次十分重要的大会。习近平总书记在党的二十大报告中指出："继续推进实践基础上的理论创新，首先要把握好新时代中国特色社会主义思想的世界观和方法论，坚持好、运用好贯穿其中的立场观点方法。"坚持胸怀天下就是其中之一。

一、回望历史：迈步雄关漫道

中国共产党拥有"胸怀天下"的情怀是把马克思主义基本原理同中华优秀传统文化相结合的必然结果，一方面以马克思主义关于追求人类自由解放学说为理论指导，另一方面以中华民族"天下大同"的理念为文化滋养。"天下"是中国文化独有的概念，体现着中国面向世界时的全球视域、历史意识和兼济情怀。中华民族自古以来就是一个爱好和平的民族，从人心和善的道德观、和而不同的社会观，到天人合一的宇宙观、协和万邦的国际观，中华民族始终在追求和传承着和谐共生的理念。

中国共产党自诞生之日起，就秉承着"协和万邦""美美与共"的精神，坚守着作为马克思主义政党的博大胸怀，不断扩大国际交往，推动世界一体化进程。新民主主义革命时期，党领导人民浴血奋战、百折不挠，实现了民族独立、人民解放，极大地改变了世界政治格局，鼓舞了全世界被压迫民族和人民争取解放的斗争。社会主义革命和建设时期，党提出"中国应当对于人类有较大的贡献"，坚持独立自主和平外交政策，倡导坚持和平共处五项原则，做出中国永远不称霸的庄严承诺，赢得了国际社会的尊重和赞誉。改革开放和社会主义现代化建设新时期，党提出"和平与发展是当今时代的主题"，坚定维护广大发展中国家利益，推动建立公正合理的国际政治经济新秩序，促进世界持久和平、共同繁荣。

历史长河中，中国在"协和万邦""美美与共"的精神指引下，展现着我们的大国担当，那么在当下，中国又是以怎样的实际行动来回答时代带给我们的问题与挑战的呢？

二、勇毅担当：回答时代之问

中国方案，彰显互利共赢的时代智慧。"利在一身勿谋也，利在天下者必谋之。""我们要坚持共商共建共享的全球治理观，坚持全球事务由各国人民商量着办，积极推进全球治理规则民主化。"秉持着共商共建共享原则，"一带一路"已成为当今世界深受欢迎的国际公共产品和国际合作平台，中国通过高质量的制度性公共产品供给，积极搭建国际合作新平台，不断做大互利共赢的"蛋糕"，为全球治理的增量改革探索路径。

2013年金秋，习近平总书记先后提出共建"丝绸之路经济带"和"21世纪海上丝绸之路"的重大倡议，自此，"一带一路"掀开了世界发展进程的崭新一页。149个国家、32个国际组织同中国签署200多份共建"一带一路"合作文件，相关合作理念和主张写入联合国、二十国集团、亚太经合组织、上海合作组织等重要国际合作机制的成果文件。"一带一路"倡议提出的10年亦是取得实打实、沉甸甸成就的10年。设施联通方面，一大批务实合作项目加速落地，为当地经济发展、民生改善做出实实在在的贡献，中欧班列累计开行近6万列，货值累计近3000亿美元，共铺画了82条运输线路，通达欧洲20个国家200个城市；贸易畅通方面，中国与"一带一路"沿线国家货物贸易额累计约12万亿美元,对沿线国家非金融类直接投资超过1400亿美元,中国企业在共建国家建设的境外经贸合作园区累计投资430.8亿美元,为当地创造了34.6万个就业岗位;资金融通方面,亚投行成员达105个,融资额达357亿美元,惠及33个亚洲域内与域外成员。10年来,"一带一路"从理念化为行动、从愿景变成现实,已成为当今世界范围最广、规模最大的国际合作平台。

中国方案,彰显和合共生的和平理念。"强不执弱,富不侮贫。"习近平总书记提出的全人类共同价值,充分汲取了中华优秀传统文化中亲仁善邻、协和万邦的和平之道,大道无私、天下大同的公平意识,重义轻利、义即是利的正义理念等,以最大公约数,凝聚起不同民族、不同信仰、不同地域人民的共识。正如他在第二届联合国全球可持续交通大会开幕式上讲话所指出的:"各国一起发展才是真发展,大家共同富裕才是真富裕。"在中国共产党与世界政党领导人峰会上,习近平总书记又指出:"在人类追求幸福的道路上,一个国家、一个民族都不能少。"

面对层出不穷的传统和非传统安全威胁,习近平总书记在博鳌亚洲论坛2022年年会开幕式上的主旨演讲中首次提出全球安全倡议,强调安全是发展的前提,人类是不可分割的安全共同体,呼吁世界各国走出一条对话而不对抗、结伴而不结盟、共赢而非零和的新型安全之路。全球安全倡议包括"坚持共同、综合、合作、可持续的安全观""坚持尊重各国主权、领土完整、不干涉别国内政""坚持遵守联合国宪章宗旨和原则""坚持重视各国合理安全关切""坚持通过对话协商以和平方式解决国家间的分歧和争端""坚持统筹维护传统领域和非传统领域安全"。这"六个坚持"不仅着眼解决人类安全的现实问题,也为谋求世界和平提供了长久之道。面对层出不穷的热点问题,中国坚定地站在和平对话一边、站在公平正义一边,为国际关系和全球治理持续注入宝贵的"和合力量"。

中国是负责任的大国,以勇毅担当的魄力,努力推动着世界和平与发展的进程。未来,我们也将同舟共济,继续书写人类文明新篇。

三、同舟共济：书写文明新篇

一部名为《窗外是蓝星》的"太空电影"曾刷屏网络。剧中，神舟十三号航天员以宇宙视角拍摄下他们眼中这颗壮美的蓝色星球——人类共同而唯一的家园。航天员的视角可以给人类深远的启发，在茫茫宇宙中，人类有缘相聚在这颗蓝色星球，没有理由不风雨同舟，携手同行，共同创造幸福和谐的人类文明。

"世界各国乘坐在一条命运与共的大船上，要穿越惊涛骇浪、驶向光明未来，必须同舟共济，企图把谁扔下大海都是不可接受的。"2022年4月，习近平总书记在博鳌亚洲论坛2022年年会开幕式上沿用"同乘大船"之喻形象地道明，在这个经历了长久全球化历程的世界上，各国一荣俱荣、一损俱损，唯有深刻认识到命运与共的现实，有福同享、有难同当，才有可能战胜重重挑战威胁，走向光明。"大道不孤，天下一家。"中国将延续"大道之行，天下为公"的文明传承，持守"协和万邦""和实生物"的精神追求，从历史的风高浪急中闯出，向着未来的碧海长天驶去。

新时代新征程上，我们将继续坚持胸怀天下，同世界上一切进步力量一道汇聚成和平发展的磅礴伟力，为人类文明的发展进步做出新的更大贡献。

2023 年 11 月于西安

为人类谋进步 为世界谋大同

陈坤正
（2020级马克思主义发展史专业硕士研究生）

"心系人类，胸怀天下。"习近平总书记在党的二十大上庄严宣告："中国共产党是为中国人民谋幸福、为中华民族谋复兴的党，也是为人类谋进步、为世界谋大同的党。"当人类发展进步的潮流持续向前奔涌，各国人民的普遍关切亟待回应之时，中国共产党坚定地站了出来，以穿越时空的宏阔眼光和海纳百川的宽广胸襟立于世界和时代前沿，统筹中华民族伟大复兴战略全局和世界百年未有之大变局，深刻把握新时代中国历史方位和世界发展大势，坚定站在历史正确的一边，站在人类进步的一边，高举推动构建人类命运共同体的鲜明旗帜，承担起了"为人类谋进步、为世界谋大同"的历史担当与时代使命。

一、牢记使命担当：中国声音传向世界各地

1920年，浙江义乌山区，一盏油灯、两条长凳、一块铺板，中国共产党早期组织的重要发起人陈望道坐在稻草上，埋头翻译。身旁摆放着的，是两本已被翻得破旧不堪的辞典。不眠的夜略带几分寒意，烛影从早春婆娑到谷雨，终于，一句"万国劳动者团结起来呵"的呐喊照亮了至暗历史的天空，第一部中译本《共产党宣言》将我国的劳动者和世界无产阶级联系在了一起，早期共产主义者的初心从分水塘老屋的柴房唱遍寰宇。时隔

1年，小小红船上，中国共产党一经成立，就把实现共产主义作为党的最高理想和最终目标，把为人类和平与发展贡献力量作为自己的追求。

1949年10月，中国共产党人登上天安门城楼，向世界庄严宣告，中国人民和中华民族任人宰割、饱受欺凌的时代一去不复返了，极大地鼓舞了全世界被压迫民族和被压迫人民争取解放的斗争，将"世界人民大团结万岁"的宣言传向全世界。1953年12月，新生的共和国明确提出了和平共处五项基本原则，极大地声援了第二次世界大战结束后世界各地反对帝国主义和霸权主义、争取独立和解放的民族运动；70年代初，我国提出"三个世界"划分的战略思想，做出中国永远不称霸的庄严承诺，赢得了国际社会的尊重和赞誉；改革开放以来，我们党审时度势提出和平与发展是时代主题，坚持维护世界和平、促进共同发展的外交政策宗旨。

在新时代推进伟大变革的10年间，习近平总书记带领全党全国各族人民高举和平、发展、合作、共赢的旗帜，在联大、在上合、在金砖、在博鳌、在G20、在APEC……备受关注的中国声音让越来越多的人认识到，中国不仅有信心、有能力走好自己的路，办好自己的事，同样也有志向、有底气惠及更多的国家和人民。

无论是在嘉兴南湖革命星火点亮之时、还是在延安热火朝天的革命中，无论是改天换地成立新中国之时、还是进入中国特色社会主义新时代，这个沐浴着马列主义的真理光辉成长，向来就具有国际视野的政党，在历经百年沧桑之后，初心不改，正高举"为人类谋进步、为世界谋大同"的旗帜，伴随着坚定的步伐不断前行。

二、共迎风险挑战：中国方案应对全球变局

当今世界，"世界之变、时代之变、历史之变正以前所未有的方式展开"，我们遭遇的挑战风高浪急，有时甚至是惊涛骇浪。虽然和平、发展、合作、共赢的理念既是国际社会的共识，也是历史发展的必然，但国际秩序正在深刻塑造，地缘政治冲突日益加剧，单边主义、霸权主义等不利于世界和平稳定的思潮暗流涌动，全球发展的深层次矛盾随疫情蔓延不断凸显。面对百年未有之大变局，我们不禁产生疑问：世界怎么了，我们怎么办？

地处非洲的安哥拉，虽然拥有丰富的矿产和石油储量，但是长年处于内乱，国家动荡不安。内战结束后，太多安哥拉人民食不果腹、流离失所。人们很难想象，这里的预期寿命是世界上最低的，婴儿的死亡率是全世界最高的。正当一筹莫展之际，安哥拉政府迎来了中国近35亿美元的援助贷款，一所所崭新的学校和农场建立起来了，一条条公路和铁路都通了车。来自中国的投资者也开始对该国的实体经济进行投资，帮助安哥拉人民搭建农业、地方工业体系，并指导他们可持续地开采自然资源。我国不仅为全球140余个国家提供了超过3600亿美元的经济援助和贷款，更为这些发展中国家带去了可行的减贫方案。正如安哥拉驻华新闻参赞多明戈斯·奥兰多所说："如果想要使某个国家变得稳定，正如习近平主席所说的那样，授人以鱼不如授人以渔。"遥远的地理距离，并没有阻碍中国智慧与中国方案的传播。

习近平总书记指出，中国共产党"立志于中华民族千秋伟业，致力于人类和平与发展崇高事业，责任无比重大，使命无上光荣"。面对共同的世界难题，中国共产党应时而动、顺势而为，领导中国坚定不移走和平发展道路，推动构建人类命运共同体，弘扬和平、发展、公平、正义、民主、自由的全人类共同价值。

自古以来，中国在对外交往中，给世界各国人民带去的从不是坚船和利炮，而是宝船和友谊；也不是战马和长矛，而是驼队和善意。如今，中国与180余个国家和地区建立了不同形式的外交伙伴关系，参与了几乎所有政府间国际组织，签订了500多项国际公约，为落后地区和国家提供数千个物资援助项目，开展了上万个技术和人力资源开发合作项目，培训各类人员40多万人次。新时代的中国共产党人，正将悠久民族的传统智慧与科学理论进行结合，用极大的诚意与切实可行的方案，履行着推动构建人类命运共同体的庄严承诺，展现着百年大党"山川异域，风月同天"的崇高情怀。

三、携手世界人民：中国道路共创美好未来

发展是人类社会的永恒主题。实现现代化，是工业革命以来世界各国孜孜以求的发展目标，更是近代以来无数中国人魂牵梦萦的心愿。但是，人类推进现代化的过程并非一模一样，更不是一帆风顺的。

纵览历史，尽管人类现代化进程是由近代西方资本主义国家率先开启的，也确实在一定时间内和一定程度上取得过成功，将人类社会历史向前推进了一大步。但是，西方式现代化通过不断向外倾销产品、进行海外扩张来实现资本的原始积累，以剥削和压迫来攫取剩余价值和超额利润，将自己的价值观强加于人，这无疑是借助殖民和劫掠实现的现代化，是建立在殖民地、半殖民地劳动人民血泪史上的现代化。

中国式现代化道路是超越照抄照搬、坚持独立自主的发展之路，也是超越资本至上、秉持人民至上的发展之路。在充分考虑中国实际的基础上，人口规模超过十四亿的大国走出了一条适合自己、行之有效的现代化之路，对世界历史进程意义深远。正如党的二十大报告所指出的，中国式现代化是人口规模巨大的现代化，是全体人民共同富裕的现代化，是物质文明和精神文明相协调的现代化，是人与自然和谐共生的现代化，是走和平发展道路的现代化。这既是中国式现代化的中国特色，更是我们要踔厉奋发、努力实现的宏伟目标。

一个拥有9600多万名党员（数据统计截至2022年）和百余年发展历

程、领导人民创造了举世瞩目历史伟业的政党，已然足够伟大，但在历史长河中，对于他远大的抱负和不变的使命而言，党还只是一个青年，是一轮初升的朝阳。党的使命和担当，不仅是为人民谋幸福、为民族谋复兴，同样在于为人类谋进步、为世界谋大同。新时代新征程上，当我们选择了为中国人民、为全人类的美好和幸福而不懈奋斗的事业之时，中国共产党人也必将以海纳百川的宽阔胸襟吸收人类一切优秀文明成果，推动建设更加美好的世界，为人类进步事业做出新的更大贡献！

2022 年 10 月于西安

读懂中国式现代化

陈倩
（2022级马克思主义基本原理专业博士研究生）

党的二十大指出："从现在起，中国共产党的中心任务就是团结带领全国各族人民全面建成社会主义现代化强国、实现第二个百年奋斗目标，以中国式现代化全面推进中华民族伟大复兴。"在党的二十大报告中，"中国式现代化"可以说是当之无愧的一个核心关键词。那么，中国式现代化道路是如何形成的？什么是中国式现代化？中国共产党对这些问题进行了长期探索，并做出了深刻的解答。

作为先发的现代化国家，欧美国家在19至20世纪发展成效显著。于是，以西方为样板，学西方的器物、制度、文化就成了一条似乎可行的现代化道路。但是从洋务运动、戊戌变法到辛亥革命，我们走了很长的路，到最后总是"此路不通"。毛泽东后来总结说："帝国主义的侵略打破了中国人学西方的迷梦。很奇怪，为什么先生老是侵略学生呢？中国人向西方学得很不少，但是行不通，理想总是不能实现。""西方资产阶级的文明，资产阶级的民主主义，资产阶级共和国的方案，在中国人民的心目中，一齐破了产。"

中国共产党正是在这样的背景下，经过长期探索，带领中国人民以独立自主的精神牢牢掌握了现代化的主动权和选择权，在世界的现代化潮流中找到了符合自身特点的现代化道路。选择社会主义道路，这就是答案。

正如毛泽东同志所指出的："中国人找到了马克思列宁主义这个放之四海而皆准的普遍真理，中国的面目就起了变化了。"

在党领导人民进行的长期探索和实践中，有改天换地干革命的荣光，也有改革开放天地宽的故事。在社会主义革命和建设时期，我国的现代化兼顾重点推进和全面布局。1949年，《中国人民政治协商会议共同纲领》中规定"要稳步地变农业国为工业国"；1953年，毛泽东提出党在过渡时期的总路线和总任务，强调要建设"具有现代工业、现代农业和现代科学技术的伟大的社会主义国家"；1954年，一届全国人大一次会议明确提出要实现工业、农业、交通运输业和国防四个现代化的任务；1964年，周恩来根据毛泽东的建议，在三届全国人大一次会议进一步提出了"四个现代化"的宏伟目标，强调今后发展国民经济的主要任务："就是要在不太长的历史时期内，把我国建设成为一个具有现代农业、现代工业、现代国防和现代科学技术的社会主义强国，赶上和超过世界先进水平。"

改革开放以来，中国共产党开创了中国特色社会主义道路，并在长期探索和广泛实践中进一步加速了中国式现代化。1979年3月，中央政治局在讨论国家计委1979年计划和国民经济调整时，邓小平在党内正式提出"中国式的现代化"这一论断，并制定了到21世纪中叶分三步走，基本实现社会主义现代化的发展战略。在与时任日本首相大平正芳交流时，邓小平说："我们要实现的四个现代化，是中国式的四个现代化。我们的四个现代化的概念，不是像你们那样的现代化的概念，而是'小康之家'。"新中国成立特别是改革开放以来长期的现代化实践丰富了中国式现代化的内涵，推进了中国式现代化的历史进程。

党的十八大以来在理论和实践上的创新突破，使中国式现代化得到了进一步的推进和拓展。同时，我党统筹推进"五位一体"总体布局，协调推进"四个全面"战略布局，攻克了许多长期没有解决的难题，办成了许多事关长远的大事要事，党和国家事业取得历史性成就，发生了历史性变革。《中共中央关于党的百年奋斗重大成就和历史经验的决议》指出,"党领导人民成功走出中国式现代化道路"。党的二十大报告又进一步对"中国式现代化"进行了多方面的阐发,明确了中国式现代化的中国特色、本质要求以及推进中国式现代化需要把握的重大原则等内容。

由此可见,中国共产党关于"四个现代化""中国式的现代化""中国式现代化"的话语变迁,反映的是社会主义建设实践的不断发展和中国共产党对现代化问题认识的不断深化。"中国式现代化"的提出,背后体现的正是一代代共产党人领导中国人民在探寻现代化道路上的艰辛努力与不懈奋斗。我们正是立足于一个个历史的瞬间,才积累起了现在中国式现代化的巨大成就和成熟模式。正如习近平总书记在党的二十大报告中所概括的:"在新中国成立特别是改革开放以来长期探索和实践基础上,经过十八大以来在理论和实践上的创新突破,我们党成功推进和拓展了中国式现代化。"

中国共产党百年来的现代化探索和我国现实的政治制度决定了中国式现代化是中国共产党领导的社会主义的现代化,这是中国式现代化最为根本的政治特点。同时,中国式现代化同时蕴含了"中国"元素和"现代"元素,既有世界各国现代化的普遍性特征,亦有基于国情的中国特色,主要体现在以下五个方面:

一是人口规模巨大的现代化。我国作为一个发展中国家,十四亿多人口整体迈进现代化社会,规模超过现有发达国家人口的总和,将会使世界上的现代化人口翻一番多,也将彻底改写现代化的世界版图,对人类历史有着深远影响。二是全体人民共同富裕的现代化。我们推进的共同富裕不是少数人的富裕,也不是平均主义、"福利主义"。三是物质文明和精神文明相协调的现代化。在推进中国式现代化的过程中,要把物质文明和精神文明建设都搞好,大幅提高全国各族人民的物质文化生活水平。四是人与自然和谐共生的现代化。我们坚持可持续发展,坚持节约优先、保护优先、自然恢复为主的方针，坚定不移走生产发展、生活富裕、生态良好的文明发展道路，实现人与自然和谐共生。五是走和平发展道路的现代化。我们高举和平、发展、合作、共赢的旗帜，在坚定维护世界和平与发展中谋求自身发展，又以自身发展更好地维护世界和平与发展。以中国式现代化推进中华民族伟大复兴，既是新时代新征程中中国共产党的使命任务所在，也是中国人民的共同努力方向和美好愿景。

今天，我们比历史上任何时期都更接近、更有信心和能力实现中华民族伟大复兴的目标，同时也预示着我们必须准备付出更为艰巨、更为艰苦的努力。为此，我们必须坚定信心、锐意进取，主动识变应变求变，主动防范化解风险，不断夺取全面建设社会主义现代化国家的新胜利！

2023 年 9 月于西安

第三章

赓续精神
以启前程

伟大建党精神　照亮前行之路

| 李芳芳
（2022级思想政治教育专业硕士研究生）

人无精神则不立，国无精神则不强。习近平总书记指出："我们党之所以历经百年而风华正茂、饱经磨难而生生不息，就是凭着那么一股革命加拼命的强大精神。"伟大政党铸就伟大精神，伟大精神成就伟大事业。伟大建党精神集中体现了中国共产党的性质宗旨、初心使命、理想信念，高度凝练了中国共产党人的政治信仰、精神品质、价值追求。

一、坚持真理，坚守理想——中国共产党勇往直前、踔厉奋发的信仰之基

坚持真理，就是坚持马克思主义的指导地位；坚守理想，就是坚守共产主义远大理想和社会主义共同理想。坚持真理是坚守理想的方向指南，坚守理想是坚持真理的价值归旨。

马克思曾说："理论只要说服人，就能掌握群众。"列宁曾说："没有革命的理论，就不会有革命的运动。"句句箴言，无一不强调坚持真理的重要性。

在延安，革命前辈们也是如此践行落实的。西北野战军随军记者描述了当时党内浓厚的学习氛围："城周围的山坡上、沟渠里，一片一片的都是人在听课，在讨论学习中的疑难。在那万千个闪亮发光的窗子里，人们

正用全部精力工作学习，思索真理。"一位外国友人更是称赞："共产党真了不起，吃小米饭，啃《资本论》。"但王明"左"倾错误造成的极大损失告诉我们，靠背诵马克思主义一般原理，把共产国际决议和苏联经验神圣化是行不通的。马克思主义不是书斋里的学问，不是教条而是行动指南。1945年的延安杨家岭见证了中共七大将毛泽东思想确立为党的指导思想的神圣时刻。自此，全党在马克思列宁主义、毛泽东思想的基础上达到空前的团结，为革命的胜利指明了前行的方向。

习近平总书记在党的二十大报告中明确指出："马克思主义是我们立党立国、兴党兴国的根本指导思想。实践告诉我们，中国共产党为什么能，中国特色社会主义为什么好，归根到底是马克思主义行，是中国化时代化的马克思主义行。"新时代，坚持和发展马克思主义，必须同中国具体实际相结合，同中华优秀传统文化相结合，不断推进马克思主义中国化时代化。我们要自觉做共产主义远大理想和中国特色社会主义共同理想的坚定信仰者和忠实实践者，在追求真理、揭示真理、笃行真理的过程中坚守理想、奋进理想、实现理想。

二、践行初心，担当使命——中国共产党河山带砺、踵事增华的执政之要

中国共产党人的初心和使命就是为中国人民谋幸福、为中华民族谋复兴。两个极有力量的动词"践行、担当"与"初心、使命"相连，说明党的初心使命不是仅存于会议报告、文件通知里的，而是真真切切存在于革命、建设、改革的伟大实践之中。正如毛泽东1919年在《民众的大联合》一文中所写："天下者，我们的天下；国家者，我们的国家；社会者，我们的社会。我们不说，谁说？我们不干，谁干？"这就是中国共产党人对待初心使命的强烈责任和务实态度。一口窑洞、一灯如豆、一箪食一瓢饮、一身虱子、一门心思，为穷人翻身解放打天下，这就是革命者的初心和使命。

他们扎根于简陋的窑洞，他们走进老乡、融入群众、团结人民，在窑洞中浴火重生，锻造了坚定的革命意志，培植了深厚的人民情怀。1947年蒋介石也曾来到延安，但生活用品、山珍海味甚至西餐厨师都需要随从空运，他看到四下尘土飞扬、陈设简陋的窑洞，无论如何也无法窥见窑洞中的奥秘，更无以洞悉窑洞中共产党人初心使命的力量。所以，在离开延安的时候，他只望见那一弯残月，而窑洞里的革命者，望见的则是召唤中国革命胜利的曙光。

三、不怕牺牲，英勇斗争——中国共产党筚路蓝缕、共克时艰的血脉之魂

毛泽东同志指出：从古以来，中国没有一个集团，像共产党一样，不惜牺牲一切，牺牲多少人，干这样的大事。

陕北院坝里，一张张黑白照片将战争的残酷尽展无遗。种种疑问萦绕在人们心头：是何种力量让党在深陷危机中仍通电全国誓死抗日？是何种力量让明知九死一生的革命者毅然决然地奔赴战场？是何种力量让万千爱国青年冲破层层阻碍奔赴延安？是"为有牺牲多壮志，敢教日月换新天"的雄伟气魄，是"黄沙百战穿金甲，不破楼兰终不还"的英勇气概，是"天下兴亡，匹夫有责"的家国情怀。窑洞外的露天广场上，毛泽东铿锵动员：来抗大学习"不是为了自己，而是为了全国四万万五千万同胞，不是为了自己的家，而是为了四万万五千万同胞的家，牺牲一切。"铮铮誓言铸党魂，拳拳红心鉴赤胆。这一时期的延安精神、张思德精神、抗大精神都是不怕牺牲、英勇斗争的真实写照和生动彰显。

四、对党忠诚，不负人民——中国共产党躬耕不辍、笃行不怠的立场之义

对党忠诚，就是永不叛党、铁心跟党走、九死而不悔，为共产主义奋

斗终身。对党忠诚是纯粹的、无条件的，是唯一的、彻底的，是政治标准更是实践准则。不负人民，就是不辜负人民群众的期待和信任，练就为民办实事、解难题的真本领，切实把造福人民作为最根本的职责。对党忠诚与不负人民是相互统一的。

不负人民是对党最大的忠诚。时空拉回1945年夏天的陕北窑洞。黄炎培略显忧虑地说："我生六十多年，耳闻的不说，所亲眼看到的，真所谓'其兴也勃焉，其亡也忽焉'。"他希望中国共产党找出一条新路来破解中国史上治乱兴衰、循环往复的历史周期率。毛泽东回答："我们已经找到了新路，我们能跳出这个周期率，这条新路就是民主，走群众路线。只有让人民来监督政府，政府才不敢松懈。只有人人起来负责，才不会人亡政息。"这就是著名的"窑洞对"，道出了党坚定的人民立场。正如毛泽东所说："真正的铜墙铁壁是什么？是群众，是千百万真心实意地拥护革命的群众。"初来延安，革命者自己动手打窑洞接近工农，增加与劳动人民的共同语言，打通和群众隔开的墙。"把屁股端端地坐在老百姓的这一面；不当'官'和'老爷'；走出'衙门'，深入乡村"是这一时期中国共产党对党群关系的深刻认识。党在延安13年成长成熟的过程，也是党与人民一体同心、生死相依的过程。

对党忠诚的本质要求是不负人民。习近平总书记在党的二十大报告中指出："经过不懈努力，党找到了自我革命这一跳出治乱兴衰历史周期率的第二个答案。"自我革命是为了更好地领导人民打江山、守江山，从而牢牢守住人民的心。中国共产党根基在人民、血脉在人民、力量在人民。就拿我们正在进行且未来仍将继续的事业来说，中国式现代化是人口规模巨大的现代化，是全体人民共同富裕的现代化、是物质文明和精神文明相协调的现代化、是人与自然和谐共生的现代化，是走和平发展道路的现代化。中国式现代化的五个特征界定，无一不是党站稳人民立场、把握人民愿望、维护人民利益的真切体现。

用伟大的建党精神凝心聚力、同力协契，需要在原初语境中汲取理论智慧。伟大建党精神不是无源之水、无本之木，而是有其形成和提出的坚实理论逻辑、厚实历史逻辑和硬实现实逻辑。从坚持真理、坚守理想，践行初心、担当使命，不怕牺牲、英勇斗争，对党忠诚、不负人民。三十二个字，纵向把握其形成演进脉络，横向挖掘其多维度内涵意蕴，从中汲取理论智慧和精神价值。

昔日简陋朴素的小小窑洞，今日已是革命文化纪念馆。人们驻足于此久久瞻望，仿佛从这里的一门一窗中仍能窥见革命前辈披星戴月、栉风沐雨的匆匆身影，仍能听到他们那与民同乐、自己动手的欢声笑语，仍能感受到他们那意气风发、斗志昂扬的精神面貌。虽世事茫茫，山川历历，但伟大建党精神赓续传承，必将照亮我们前行的路！

2022 年 11 月于西安

井冈山精神映山红

李左娴

（2019级思想政治教育·卓越教师实验班）

位于湘东、赣西边界的井冈山，山河秀丽，风景壮美。翠绿的山峦点映着井冈山鲜红的革命底色。漫步其中，红旗、红星雕塑以及红米、红杜鹃，无不在诉说着中国工农红军的不朽历史。

1927年大革命失败后，中国共产党人一直在思索"中国革命应该走一条怎样的道路"。1927年10月，毛泽东率湘赣边界秋收起义的部队到达湖南、江西两省边界的井冈山地区，开展游击战争、进行土地革命、恢复党组织、建立革命政权和赤卫队。经过团结、教育、改造工作，1928年2月底，井冈山革命根据地初步建成。

当我们走进井冈山，深入学习和领悟了"坚定执着追理想，实事求是闯新路，艰苦奋斗攻难关，依靠群众求胜利"的井冈山精神，就能真切感受到它屹立于历史长河中闪耀着的种种独特光芒。

一、实事求是闯新路

实事求是、敢闯新路，是井冈山精神的核心。

大革命失败不久，白色恐怖猖獗。部分同志对革命前途或感到悲观或觉得渺茫，不知道中国革命该走什么路。毛泽东根据自己的实际调查写下了《中国的红色政权为什么能够存在？》《井冈山的斗争》两篇光辉著作，提出"农村包围城市，武装夺取政权"的道路，回应了当时的质疑。

纵观中国共产党的历史，党的事业始终与"实事求是""敢闯新路"联系在一起。以毛泽东为代表的中国共产党人在革命道路上初心不改，不断前行。八角楼的灯光熠熠闪耀，赋予了井冈山精神跨越时空的不朽光芒。

伟人的独特魅力让我们心向往之，而红军与人民，在中国革命中也同样迸发出耀目的火花。

二、艰苦奋斗攻难关

艰苦奋斗是我们党的政治本色和优良传统，也是井冈山精神的基石。1929年1月底，湘赣敌军对井冈山根据地展开了全面攻势。此时，八面山上下着暴雪，气温低到非常人所能忍受。战斗持续数日，红军多次打退敌人的进攻，击毙击伤敌军数百人。不幸的是，由于敌众我寡，敌军猛烈的炮火攻击使得八面山哨口的工事全部被敌轰塌，战士们只得用冰雪筑成防线守卫阵地。100余名红军官兵几乎全部壮烈牺牲。这是一次气壮山河的战斗，牵制了敌人大量的兵力，在第三次反"围剿"战斗中起到了十分重要的作用。

在《井冈山的斗争》中，毛泽东使用了"极度"这个词。毛泽东说井冈山的困难有时真是到了极度——没有吃的，没有穿的，没有医药。当时流传着"红米饭，南瓜汤，秋茄子，味好香，餐餐吃得精打光"的歌谣，但哪有什么红米饭，哪有什么南瓜汤，有的只是野菜、杂粮和树根，伤病员最苦的时候藏在山洞里。这首歌谣反映的是红军的革命乐观主义精神，靠着为人民服务的理想信念，葆有艰苦奋斗的作风，支撑着红军战士在一个又一个艰苦的日子里鼓足干劲，为中国革命事业开拓前进。

三、依靠群众求胜利

依靠群众、勇于胜利，是井冈山精神的法宝。珍藏在井冈山革命博物馆的一罐食盐，是井冈山根据地军民同担苦共患难的艰辛岁月的见证。

国民党的军事围剿与经济封锁，使得食盐成为当时井冈山地区最短缺的补给。由于缺盐，根据地群众常常出现许多不良症状，部队战斗力大幅下降。

1928年冬，井冈山上的新遂边陲特别区工农兵政府热闹非凡。原来，群众领到了红军在打土豪中缴获的食盐。但许多百姓返回家中和父母商量之后，都选择将这罐来之不易的食盐保存起来。因为他们清楚，几十里外的井冈山前线正缺盐，而且国民党正要展开新一轮的攻势，这些盐说不定就是战士们救命的物资……在接下来的日子里，这些盐也成了红军在井冈山斗争中的重要补给。

透过博物馆中那罐已经结晶的食盐，我们能够看到蕴藏其中的浓浓的军民情谊，它也体现着人民军队的革命初心，它仿佛还在向我们诉说着井冈山革命根据地的牺牲与奉献、苦难与荣光。

在以毛泽东同志为代表的中国共产党人的艰苦奋斗中，在红军和人民这两个群体相互交融中，中国革命迎来了高潮，星星之火点映出燎原之光，照耀全国。

四、坚定执着追理想

对马克思主义的坚定信仰、对社会主义和共产主义的坚定信念，是井冈山精神的灵魂，也是中国共产党百年来团结带领人民取得伟大成就，创造一个又一个彪炳史册人间奇迹的精神支柱。

在总结井冈山革命斗争经验的基础上，1930年1月，毛泽东在《星星之火，可以燎原》中明确提出中国革命必须走"农村包围城市、武装夺取政权"道路。井冈山革命根据地的星星之火终成燎原之势，最终走向北京，走向全国伟大的胜利。井冈山为中国革命做出了巨大的贡献，八角楼的灯光、军民交融的生命之光、星星之火的燎原之光，都映射出中国共产党人坚定的理想信念之光，井冈山精神在历史长河中熠熠闪耀。

在建党百年之际，回望峥嵘岁月，为了更好地传承井冈山精神，"马院红"青年们化作红色烛火、秉持红色信仰，追寻理想、勇于创新、不懈奋斗：我们通过秦巴山区支教调研，深入一村一户听取人民心声；我们积极发声，用生活化的语言讲理论，用深刻的理论答问题；我们在"挑战杯""华文杯"等多项赛事中敢拼敢闯，取得优异成绩……我们肩负历史使命，书写着我们这一代人的出彩人生，让青春在为祖国、为民族、为人民、为人类的不懈奋斗中绽放更加绚丽的花朵。

2021 年 6 月于西安

延安精神放光辉

赵俊鹏
（2020级中国近现代史基本问题研究专业博士研究生）

延安时期，陕甘宁边区有这样一个人：他是陕甘宁边区的"大明星"；是毛岸英的"农业大学"老师；他是一个农民，是陕甘宁边区人人学习的榜样。这个人就是被毛泽东称为"天下有名"的劳动英雄吴满有。他从一贫如洗到成为陕甘宁边区的富农、从靠党的救济到能够以生产成果支援抗战，他的这一转变靠的就是吃苦耐劳、自力更生的精神，而这种精神正是延安精神的重要组成部分。习近平总书记强调："老一辈革命家和老一代共产党人在延安时期培育形成的延安精神是我们党的宝贵精神财富。"在中国共产党建党100周年之际，深入学习延安精神、感受延安精神力量，更能坚定信念、找准差距、汲取奋斗力量。

方向决定前途命运。正确的政治方向是延安精神的灵魂所在，事关中华民族复兴伟业能否顺利实现。"七七事变"后，中共中央发出通电，号召实现全民族抗战。在党的方向指引下，大量进步青年冲破艰难险阻，纷纷奔赴延安。访问延安的美国人约翰·科林说："我被共产党人为目标而奋斗的精神所感动，他们的衣服破烂不堪，他们的装备缺枪少弹，但他们有为目标而奋斗的精神。"这种精神，就是伟大的延安精神的真实写照！

实事求是是延安精神的精髓。毛泽东在《反对本本主义》一文中强调，没有调查就没有发言权。调查昭示着从实践中来到实践中去的科学方法论，调查要求做到不唯书、不唯上、只唯实。作为国民党代表访问延安的黄炎培，在《延安归来》中深刻感悟道："就我所看到的，只觉得一切设施都切合实际，而绝对不唱高调，不求理论上好听好看。"毛泽东说："做了中国共产党，看不见中国，只看见书架上的马列书籍，这种马克思主义理论家还是少一点好。"为了批判教条主义、党八股，强调实事求是、调查研究的重要性，党中央于1942年在延安掀起了整风运动。毛泽东要求党员干部要"说老实话，办老实事，做老实人"，大兴调查研究之风，由此形成了实事求是的优良传统。空谈误国，实干兴邦！中国共产党正是找到了实事求是这一重要法宝，中国革命才不断走向胜利。党的十八大以来，我们进入了新时代，但全党为人民服务的宗旨不变，我们依然要做到实事求是，力戒空谈，不唯书、不唯上、只唯实。

全心全意为人民服务是延安精神的核心内涵。中共七大通过的党章规定：每一个党员都必须理解党的利益和人民利益的一致性，对党负责和对人民负责的一致性。毛泽东说："全心全意为人民服务，一刻也不脱离群众；一切从人民的利益出发，而不是从个人或小集团的利益出发；向人民负责和向党的领导机关负责的一致性，这些就是我们的出发点。"全心全意为人民服务是我们党从事一切革命事业的出发点和归宿，是党的生命线和根本工作路线，也是延安精神的本质所在。中国共产党正是始终秉持这一基本立场和信念，才不断地赢得广大人民群众的拥护和爱戴。习近平总书记曾多次强调："小康不小康，关键看老乡。"在总书记的带领下，在全面建成小康社会的征程中，我们将"决不能落下一个贫困地区、一个贫困群众"作为脱贫攻坚的庄严承诺，生动诠释了我们党百年来全心全意为人民服务的宗旨意识始终未变！

自力更生、艰苦奋斗是延安精神的显著特征。1939年，日军对革命根据地进行持续扫荡，同时蒋介石集团对我边区进行军事经济封锁，加上当时严重的自然灾害，毛泽东指出："长期抗战中最困难问题之一，将是财政经济问题。"该怎么办呢？不饿死不解散就得要生产。同年，毛泽东发出自力更生的伟大号召，要求边区各系统各单位开荒种田。以南泥湾为例，1939年至1942年间每年开荒近一万亩，实现了粮食的自给自足与大丰收。中央高级干部更是以身作则、率先垂范。毛泽东在延安杨家岭亲手开荒种菜，周恩来和任弼时则参加了中共中央直属机关纺线比赛并被评为纺线能手。一时间，党政军民学各阶层民众都积极参加了"自己动手，丰衣足食"的大生产运动。1941年，贫雇农出身的吴满有将当年缴纳公粮后剩余的一半盈余用于购买公债支援国家抗战。1942年，《解放日报》刊登了人物通讯《模范农村劳动英雄吴满有》，从此，吴满有被命名为"劳动英雄"。1943年，《解放日报》发表专题社论，号召全体边区民众开展"吴满有运动"。1944年，林伯渠在《边区政府一年工作总结》中说，各机关粮食已经实现了自给。记得陈嘉庚在访问延安时，毛泽东曾以白饭、咸菜和一锅鸡汤的简单饭菜进行招待，并深怀歉意地说："我薪俸有限，没钱没鸡，这只鸡还是邻居老大娘知我有远客，送给我的。"由此可见，自力更生、艰苦奋斗是我们共产党人的优良传统，是我们立党立国的坚实根基。这种优良传统所蕴含的奋斗品质，不仅过去需要、现在需要，未来依旧需要！

历史是最好的教科书，延安精神是最好的营养剂。进入新时代，我们迈上了强国路的新征程。大学生是新时代实现中华民族伟大复兴的赓续者和接棒人，青年学生的价值取向将直接影响国家的未来与发展。习近平总书记在给"青年红色筑梦之旅"的大学生的回信中说："延安是革命圣地，你们奔赴延安，追寻革命前辈伟大而艰辛的历史足迹，学习延安精神，坚定理想信念，锤炼意志品质，把激昂的青春梦融入伟大的中国梦，体现了当代中国青年奋发有为的精神风貌。"延安精神蕴含着实现民族独立和人民解放的理想信念、精神风貌，是指引新时代大学生践行初心使命的精神"利器"，需要大学生自觉将之内化于心、外化于行。在新时代、新征程中，同学们要自觉学通、用好习近平新时代中国特色社会主义思想，用科学理论指导学习与生活实践，坚定共产主义理想信念，树立为人民服务的伟大追求，在艰苦奋斗中锤炼意志品质，在亿万人民为实现中国梦而进行的伟大奋斗中实现人生价值，用青春书写无愧于时代、无悔于历史的华彩篇章！

2022 年 6 月于西安

红岩精神铸忠诚

| 漆佳意
（2020级马克思主义基本原理专业硕士研究生）

在重庆，有许多承载着红岩精神的红色旅游资源，如红岩革命纪念馆、红岩魂陈列馆、渣滓洞、白公馆等；在重庆，有江竹筠"宁可站着死，决不跪着生"的人生信条，也有陈然"任脚下响着沉重的铁镣，任你把皮鞭举得高高，我不需要什么自白，哪怕胸口对着带血的刺刀"的呐喊，亦有刘国志"只要党还在，我就等于没有死"的慷慨激昂。在我心中，红岩精神是救亡图存的爱国精神，是视死如归的无畏精神，是顾全大局的团结精神，是追求真理的奉献精神，这种精神孕育和形成在重庆这座雾都山城，生长和根植在无数共产党人心中，渗透和蔓延在为党为人民为国家和民族的无数实践中。

"红岩荒谷耳，抗日显光辉。"在抗日战争时期和解放战争初期，红岩这个地方，既是中共中央南方局领导机关所在地，也是重庆谈判期间，中共代表团驻地，所以它总和中国革命的历史密切联系在一起。"红岩"，也是长篇小说《红岩》的名称，它以真实历史人物为原型，以当时残酷的地下斗争和狱中斗争为主要内容，描写新中国成立前夕在重庆发生的历史故事。

在中共中央领导下，以周恩来同志为代表的老一辈无产阶级革命家、共产党人、革命志士，为争取民族独立、人民解放，在国民党政权统治中心的重庆，形成和发展了崇高的红岩精神。这是中国共产党人精神谱系的重要组成部分。红岩精神是中国共产党在国民党统治地区革命实践中形成的最具代表性的革命精神。习近平总书记指出:"解放战争时期,众多被关押在渣滓洞、白公馆的中国共产党人,经受住种种酷刑折磨,不折不挠、宁死不屈,为中国人民解放事业献出了宝贵生命,凝结成'红岩精神'。"

复杂险恶的社会环境以及风云激荡的政治环境让革命事业举步维艰,在一批又一批共产党员的身先士卒、前仆后继中,红岩精神逐渐形成其独有的崇高思想境界、坚定理想信念、巨大人格力量、浩然革命正气的精神内核。当年,在国统区特殊环境中拼搏的共产党人,无论是身在红岩,还是藏于乡间,无论是公开作战,还是隐蔽潜伏,他们始终坚守着共产主义的崇高政治信仰。

"毒刑拷打那是太小的考验……竹签是竹做的,但共产党员的意志是钢铁!"时间已经过去半个多世纪,但是在重庆歌乐山渣滓洞,络绎不绝的游客读到江姐狱中书信时,还是会被共产党人的这种大无畏牺牲精神所感动。在渣滓洞的一间展室,还存留着一张照片,一对脸露笑容的年轻夫妇和一个幼童,看着十分亲切和幸福。其实,这是江姐一家人唯一一张全家福,拍摄于她和丈夫彭咏梧即将前往下川东地区参加武装斗争之时。拍完这张照片后不久,彭咏梧就在战斗中牺牲了,江姐知道她即将面临什么样的境况,便将他们唯一的孩子彭云送给了亲戚。在渣滓洞的日子里,江姐偷偷用筷子磨成的竹签,就着棉絮烧黑后的灰烬写下了一封遗书,其中写道:"假如不幸的话,云儿就送你了,盼教以踏着父母之足迹,以建设新中国为志,为共产主义事业奋斗到底。孩子们决不要娇养,粗服淡饭足矣。"

作为母亲,她有万般的柔情,但作为共产党员,为了革命胜利、为了人民幸福,她愿意抛弃一切,慷慨赴死——这就是共产党人的理想信念与钢铁意志,这也是革命先烈们经受的考验和大无畏的牺牲精神。1949年,年仅29岁的江竹筠于重庆歌乐山电台岚垭刑场壮烈牺牲。关于红岩精神,像江姐这样的共产党人不胜枚举,是他们一起铸就了属于中华民族的红岩精神。

  红岩精神展现了特定历史条件下革命精神的独特魅力，是刚柔相济、锲而不舍的政治智慧；是"出淤泥不染，同流不合污"的政治品格；是善处逆境、临难不苟的英雄气概；是以诚相待、团结多数的宽广胸怀。"鞠躬尽瘁，死而后已"，红岩先辈是历史上坚守初心、勇担使命的杰出楷模，他们将毕生的心血和精力，都贡献给了中国人民的解放事业，在党的历史中留下了重要的印记。面对强权的压迫不卑不亢，面对逼近的危险毫无惧色，面对明知的死亡坚贞不屈，为新中国的成立贡献智慧乃至生命，他们真正做到了"为天地存正气，为个人全人格"。历史是最好的教科书，红岩精神的产生，有其特定的历史底色和发展脉络，它代表着特定历史时期中国共产党人的精神品质，也为新时代加强党性修养、砥砺初心使命提供了丰润养料。

  弦歌不辍，薪火相传。学习百年党史，传承红色基因。在喜迎党的二十大召开之际，有关党史的故事正在被大家重新研读，重新感受中国共产党带领人民走向独立和解放的苦难和辉煌。我们要坚持学党史、感党恩，明理、增信、崇德、力行，始终保持革命者的大无畏奋斗精神，鼓起迈进新征程、奋进新时代的精气神。

2022 年 6 月于重庆

东北抗联精神：白山黑水挺起不屈的民族脊梁

> 刘田田
> （2021 级国外马克思主义研究专业硕士研究生）

"我的家在东北松花江上，那里有森林煤矿，还有那漫山遍野的大豆高粱……"这首歌的名字叫《松花江上》，是作曲家张寒晖目睹了九一八事变后，东北军民流亡到西安的悲惨经历所写的曲子。这首曲子记录了那段充满国仇家恨的苦难岁月，见证了在那片林海雪原上英雄儿女的浴血奋战。

一、东北抗联精神的形成

1931 年 9 月 18 日晚 10 时许，日本驻东北地区关东军炸毁沈阳柳条湖附近的南满铁路路轨，并制造假现场嫁祸给中国军队，以此为借口炮轰中国东北军北大营，制造了震惊中外的九一八事变。1931 年 9 月 19 日长春陷落、1931 年 9 月 21 日吉林失陷、1931 年 11 月 19 日齐齐哈尔失守……不到半年时间，东北全境陆续沦陷。山河破碎、满目疮痍，三千多万东北同胞饱受日本帝国主义的奴役、欺凌。

值此危难存亡之际，中国共产党高瞻远瞩，以民族大义为先，第一时间吹响了抗战的号角，呼吁社会各界以武装手段驱逐日本侵略者，在之后的几年时间里，迅速组织武装并改编为东北抗日联军。在党的坚强领导下，东北抗联将士在南起长白山、北抵小兴安岭、东起乌苏里江、西至辽河东岸的广大地区开展游击战争，同日、伪军进行大小几千次战斗，粉碎敌人一次又一次"讨伐"。在白山黑水之间，在生与死、血与火的磨砺中，东北抗联将士铸就了以"勇赴国难、自觉担当、顽强苦斗、舍生取义、团结御侮"为主要内涵的东北抗联精神。

二、东北抗联精神的内涵

忠贞报国、勇赴国难的爱国主义精神。在14年的东北抗战中，无数中华优秀儿女抛头颅、洒热血，谱写了一曲曲爱国主义壮美篇章。赵尚志在诗中写道："献身为抗日救国真荣耀，抵挡那倭寇匪徒的残暴，纵然阵亡了无数英豪，十年血战还要争取最后一朝。"在这种崇高的爱国主义精神感召下，无数仁人志士拿起武器奔赴疆场，东北大地燃起了熊熊的抗日烽火，给日本侵略者沉重一击。

勇敢顽强、前仆后继的英勇战斗精神。东北抗日联军战士之所以能够在敌我力量相差悬殊的情况下，取得一次又一次胜利，就是凭着这股勇敢顽强、前仆后继的英勇战斗精神。为了祖国和人民的利益，他们不畏牺牲、顽强战斗、一往无前。据统计，在14年的对日作战中，抗联部队仅师级以上干部就牺牲了190余位，更有不计其数的抗联战士血洒疆场。

坚贞不屈、勇于献身的不怕牺牲精神。在14年抗日战争中，东北抗日联军用鲜血和生命谱写了抗日战争中最惨烈、最艰苦、最令人动容的篇章。为掩护主力部队转移，8名抗联女战士在乌斯浑河畔战至弹尽粮绝，最后投江殉国，视死如归，其中年龄最小的才刚满13岁。赵一曼被捕后，日军为得到口供对她施以酷刑，用钢针刺伤口、用烧红的烙铁烙皮肉，她宁死不屈，严词痛斥日军侵略罪行，从容就义……在艰苦抗战中，大批中华民族的优秀儿女视死如归、勇赴国难。

不畏艰险、百折不挠的艰苦奋斗精神。东北抗联抗日之艰难、条件之恶劣、斗争之惨烈世所罕见。首先，东北抗联是中国共产党创建最早、坚持抗日时间最长、条件最为艰苦的抗日武装力量。敌人有着最先进的武器，而我们只有土枪土炮，有的部队甚至仅靠大刀、长矛与敌人进行战斗。其次，自然条件十分恶劣，东北抗联将士的吃穿住行都无法保障。冬季，气温常在零下四十摄氏度左右，积雪常有一米多深，有时甚至深可没人；夏季常常大雨滂沱，并且还会遭到毒虫叮咬。再次，东北抗联面对的敌人十分强大，日本关东军最多时达76万人，且日、伪军"讨伐"残酷，手段残忍。最关键的是，东北抗联长期与中共中央失去联系且孤立无援，完全是独立苦战。但他们终以百折不挠的意志，战胜重重困难，经受住了生命的极限考验，获得了最终胜利。

休戚与共、团结御侮的国际主义精神。东北抗联抗击日本侵略者的斗争得到了朝鲜、苏联军民的支持与帮助。许多朝鲜同志领导的地方游击队与中国军队团结在一起，成为东北抗日联军的重要组成部分。全国抗战爆发后，东北抗联官兵被日寇疯狂围剿，在苏联的帮助下，才得以进入远东地区保存实力。同时，东北抗联的英勇斗争有力地牵制了日军，为苏军掌握日军军情、歼灭日本关东军发挥了关键作用。在东北抗日战争中，东北抗联与朝鲜革命军及苏军用实际行动诠释着休戚与共、团结御侮的国际主义精神。

三、东北抗联精神的当代意义

英雄从未远去，精神永励后人。在当下继续传承和弘扬东北抗联精神，具有重要意义。

东北抗联精神是加强理想信念教育的生动历史教材。东北抗联将士在极其艰难的条件下长期与敌斗争，凭借的就是心中无比坚定的信念。在抗击外敌入侵的战争时期，坚定的理想信念就是要冲锋在前、舍身忘我。今天的我们已经不用投身枪林弹雨的战场，但周围依然有看不见的硝烟，我们要居安思危，坚定理想信念，以实际行动捍卫国家主权。

东北抗联精神是中华民族精神在特定历史条件下的发展和升华。东北抗联将士在逆境中坚持战斗，无论遇到什么样的困难，始终坚信中国一定会取得最终胜利。当前，我们面临百年未有之大变局，面对国内外形势的新发展新变化，坚持和弘扬东北抗联精神，使我们有勇气直面一切困难和挑战，不断夺取新胜利。

东北抗联精神是实现中华民族伟大复兴的精神力量。在国家民族危亡之际，东北抗联将士将个人命运与国家命运紧密结合在一起，他们追求的是民族解放、国家独立，而今我们正处在中华民族伟大复兴的征程之中，每一个人都要坚信我们现在比历史上任何时期都更接近中华民族伟大复兴的目标，比历史上任何时期都更有信心、有能力实现这个目标。

东北抗联精神是引领新时代青年积极奋斗的一面旗帜。东北抗联的优秀战士将个人命运与祖国、民族的命运紧密联系在一起，以拯救国家、民族为己任。当代青年也应从东北抗联精神中不断汲取精神力量，形成向上向善的人生价值取向，用奋斗谱写壮丽的青春篇章，为民族复兴贡献自己的一份力量。

我们应当牢记那段血与泪的历史，珍惜来之不易的和平，在新时代继续传承东北抗联精神，以青春之我贡献伟大时代，以青春之歌谱写民族复兴的新华章。

2022 年 6 月于西安

沂蒙精神显深情

刘苏萱

（2018级思想政治教育·卓越教师实验班）

煎饼是发源于山东临沂的一种传统主食，虽然外表普通，却有着干燥易保存、轻薄易携带且食用方便的特点。在革命战争年代，沂蒙人民就是用煎饼保证了八路军的粮食供给。

井冈山、延安与沂蒙山是中国革命战争时期最重要的三大革命根据地。从1938年山东省委领导抗日武装起义开始，到1949年解放战争胜利，在长达12年的革命斗争岁月里，蒙山沂水间发生过不同规模的战斗4000余次。因此，沂蒙也被无数革命后人誉为"两战圣地、红色沂蒙"。巍巍沂蒙山筑奉献丰碑，滔滔沂河水诉无限忠诚。在这块红色的热土上，乡乡有红嫂、村村有烈士。为了革命胜利、民族解放，沂蒙地区的女人们把自己年轻的儿子、丈夫都送上战场，自己留守后方，为前线提供充足的物资保障。她们为部队烙煎饼、洗军衣、做军鞋，还护理伤病员，在村子搞宣传，鼓舞士气。小小的煎饼，背后代表的却是一块红色的沃土，更代表了沂蒙大地上"党群同心、军民情深、水乳交融、生死与共"的伟大精神，而这种精神，就是我们所说的沂蒙精神。

革命战争时期，中国共产党及其领导的军队在沂蒙山区贯彻群众路线，解放群众、保卫群众，人民坚定不移跟党走，孕育出伟大的沂蒙精神。1947年莱芜战役后，陈毅率领的部队在莱芜、沂源两县交界处一个村子驻扎。陈毅是四川人，但长年在鲁南地区作战，也吃了不少煎饼，然而山东地方大，各地煎饼的口味不同，陈毅吃不消当地的酸煎饼导致身体状况越来越差，老乡得知后赶紧烙了甜煎饼送去。陈毅知道后对部队战士说："我们要多打胜仗，感谢当地人民对我们的关怀，再也不要给地方上增添麻烦了。军民是一家，一家人就不能吃两样饭。当地人民吃什么煎饼，我们就吃什么煎饼。"群众无不为此动容，称赞"这才是咱老百姓的队伍"。对党的支持和拥护，还具体体现在一个群体中，那就是沂蒙红嫂。"蒙山高，沂水长，我为亲人熬鸡汤"，这段在20世纪70年代风靡全国的歌曲，就反映了沂蒙红嫂明德英救助伤员的真实故事。明德英生于山东省沂南县一个贫苦农民家庭，两岁时因病致哑，与丈夫李开田一同看守乡里的墓林。1941年，大批日伪军包围了驻沂南马牧池村的八路军山东纵队司令部。11月4日，八路军1名小战士在反"扫荡"中负伤，在敌人的追击下跑到马牧池村西河岸边，明德英见状，急忙迎上去将战士拉进自家窝棚里。不一会儿，两个日本兵追上来，追问战士的去向，明德英毫不犹豫地朝西山指去。日本兵走后，明德英上前揭开被子，发现小战士因流血过多，已经昏迷。正在哺乳期的她来不及烧水做饭，毅然掀开衣角，将乳汁一滴一滴滴进战士的嘴里，随后又和丈夫宰了家中仅有的两只鸡，做成鸡汤，喂给小战士。半个多月后，小战士伤愈归队。据统计，抗战期间，沂蒙老区15.5万余名"红嫂"先后以各种方式掩护革命军人和抗日志士9.4万余人，4.2万余名妇女参加了救护八路军伤病员的工作，共救助伤员1.9万余人。她们柔弱而可靠的肩膀，成为革命最坚实的后援力量。

新中国成立后，党带领人民改造旧山河、开创新生活，投身社会主义建设，涌现出厉家寨等先进典型。厉家寨位于三山五岭两河之间，自然条件恶劣，早年间一直流传着这样一条谚语："穷山恶水种地难，既怕涝来又怕旱，十年就有九年歉；沙石盖子旱龙岗，锄地叮当响，种地不打粮。"村里人长年饥寒交迫，那时，厉家寨是全区72个村中最落后的。后来在党总支书记厉月坤的带领下，全村人整山治水，挖了一条长800米的深沟，用水车提水浇地400余亩。经过几年奋力拼搏，厉家寨累计凿通三道岭，搬掉十一个岭头，深翻整平118块大地，增加耕地192亩。毛主席后来批示："愚公移山，改造中国，厉家寨是一个好例。"20 世纪 60 年代，中国工农业同时树立了两面大旗——"工业学大庆""农业学大寨"，而"大寨现象"的成功缘起便是厉家寨整山治水改变自然的壮举。在整治过程中，党员干部带头实干，老百姓都说："没有党员干部的带动，厉家寨就成不了先进典型。"党员干部身先垂范，让沂蒙人民认定了党是新生活的领路人。

改革开放以来，党带领沂蒙人民发展经济、改善生活，实现了临沂地区发展的新突破。十一届三中全会后，沂蒙山区被列为全国 18 个连片扶贫地区之一。沂蒙人民以敢为人先的精神，抓住扶贫开发的机遇，打响了脱贫攻坚的战役。经过 10 年的艰苦努力，到 1995 年底，临沂率先实现整体脱贫。这其中就包括村党支部带领群众致富的典型——平邑县九间棚村。九间棚村地处沂蒙革命老区腹地的龙顶山上，曾经是一个出了名的贫困村，荒山秃岭、缺水无电，村民们一直过着艰难贫困的生活。1985 年，青年党员刘嘉坤任村支部书记，他带领乡亲们发扬不怕苦不怕累的精神，用 5 年时间，实现了"路跟渠、渠带路，田水池满天布，灌溉田园浇果树，自来水送到户"的高山水利化，治理了 2000 多亩荒山，改变了九间棚村恶劣的生产生活条件。可见，沂蒙精神在任何一个时期都发挥着时代性的作用，激励着一代又一代沂蒙人民朝着更加美好的生活奋勇前进。

蒙山沂水，沃土清波。习近平总书记在 2013 年考察临沂时指出："沂蒙精神与延安精神、井冈山精神、西柏坡精神一样，是党和国家的宝贵精神财富，要不断结合新的时代条件发扬光大。"孕育于革命时期、发展于建设时期、升华于改革开放时期的沂蒙精神，经得起实践的检验，可以为我们各项事业的发展提供强有力的支撑。

青春有信仰，从此不一样，信仰筑青春，人生有方向。我们要从革命精神中汲取养分，为发展中国特色社会主义、为全面建设社会主义现代化国家、为实现中华民族伟大复兴中国梦而不懈奋斗。

2021 年 11 月于西安

抗美援朝精神谱史诗

黄 格

（2019级思想政治教育专业硕士研究生）

1950年冬，在朝鲜半岛长津湖畔，美军南逃沿途被这样的情景震惊：一排排身着单衣的志愿军战士俯卧在零下四十摄氏度的雪地上，忍受了一天一夜的酷寒、饥饿后，将自己的生命永远地留在了异国他乡的土地上。然而他们在生命的最后一刻还手握钢枪，保持着战斗的姿势，仿佛是跃然而起的"冰雕"群像。这悲壮的一幕让敌人胆寒、让天地动容。就连美军陆战一师师长史密斯也不禁感叹："长津湖战役，是钢铁部队在和钢铁的人作战。"

当时，新成立的中华人民共和国一穷二白，百废待兴，而美国已经是一个操纵着联合国的超级大国。1950年的美军是一支高度机械化的现代军队，飞机、大炮、坦克、军舰应有尽有，而我们既没有飞机、大炮，也没有坦克、装甲车，就连战士手中的武器大多都靠缴获得来。后勤供应对比更为悬殊，美军士兵伙食除了种类丰富的肉类蔬菜罐头、糖果饼干之外，还有可乐、咖啡、香烟、巧克力等配给。与其形成鲜明对比的是，我们的战士在冬天吃着冻得像石头一样的土豆，只能"一口炒面一把雪"地填满肚子。由此可见，1950年的中国与美国相比，无论是军事实力，还是综合国力，我们都处于绝对劣势。

但就是在这么艰苦的条件下，志愿军还是打败了武装到牙齿的美军，打破了美军不可战胜的神话。我以为，这里面最关键的因素就是革命乐观主义精神。究竟什么是革命乐观主义精神？这种精神在这群可爱的志愿军战士身上又是怎样体现的呢？

第一，这是一种坚定不移、斗志昂扬的理想信念。在朝鲜战场上，涌现出了一大批舍生忘死、向死而生的民族英雄：他们是用胸膛堵住敌人枪口的黄继光、是烈火烧身岿然不动的邱少云、是抱着炸药包冲向敌群的杨根思……正是怀揣着坚定不移、斗志昂扬的理想信念，志愿军战士谱写了惊天地、泣鬼神的雄壮史诗。

第二，这是一种坚韧不拔、自信乐观的精神状态。面对强大而凶狠的作战对手，身处恶劣而残酷的战场环境，志愿军始终以坚韧不拔、自信乐观的精神状态去战胜一切艰难险阻。在上甘岭战役中，美军动用6万多兵力，几百万发炮弹，加上飞机轰炸，历经43天，以至上甘岭的山头被足足削低了两米，可就是拿不下志愿军把守的阵地，我们的志愿军战士表现出了敌人百思不得其解的谜一样的东方精神。

第三，这是一种有的放矢、灵活机动的战斗方法。马克思主义者的革命乐观主义不是盲目乐观，而是基于对客观规律的自觉认识和把握。在没有制空权、没有炮火优势的情况下，志愿军制定了灵活的作战策略，筑起了铜墙铁壁般的纵深防御阵地，建立了"打不烂、炸不断的钢铁运输线"。

回顾历史，是为了更好前行。当前，世界正处于百年未有之大变局，挑战与机遇并存。霸权主义国家不愿意看到我们发展壮大，也不甘心被我们追赶超越。于是我们就看到了这样的一幕——从最初怂恿盟国围堵，到现在亲自赤膊上阵；从起初的经济制裁，到现在赤裸裸地支持"台独"势力，他们的行径越来越露骨。再到近日，美日澳三国在我国南海频频展开联合军演，南海形势暗流涌动；美国公开对台军售，台海局势危如累卵；美国政府不断对华为进行制裁，中美经贸摩擦持续升级……

面对这样的情况，我们应该怎么办呢？恩格斯曾说："历史就是我们的一切。"我们要善于从抗美援朝的这段历史中汲取精髓，用革命乐观主义精神直面各种风险与挑战。从"一五"计划到"十四五"规划，中国的经济实力、科技实力、综合国力跃上新的台阶，中华民族迎来了从站起来、富起来到强起来的伟大飞跃。

  这使我们不禁思考，革命乐观主义精神听起来似乎离我们很远，但其实它就在我们的身边，就在我们的校园中。从30年扎根山区奉献教育事业到20载用爱耕耘特殊教育，从28年雕琢一部传世经典到六十年如一日坚持站着给学生讲课，革命乐观主义精神早已融入师大人的血脉之中——他叫杨清源，是一位抗美援朝老兵，也是我们学校的退休教师。我曾听过杨老的一场报告，杨老有一句话让我印象特别深刻，他说"只要还有明天，今天永远是起跑线"，我被杨老身上那股革命乐观主义精神深深感动着。

  作为新时代的青年党员，作为"西部红烛"的一分子，我们更应该学习和践行革命乐观主义精神。革命乐观主义精神不仅是抗美援朝的精神标识，它同样贯穿于中国共产党党史、新中国史、改革开放史、社会主义发展史中，我们要通过学习"四史"，在历史发展进程中总结规律，在学思践悟中坚定理想信念，在奋发有为中磨砺精神意志，将个人理想与中国梦紧密结合，将个人发展与民族复兴紧密结合！

  最后分享一首小诗，这是冰雕连中一位名叫宋阿毛的战士在牺牲前写的绝笔信。让我们在信中感受革命乐观主义精神，向那群最可爱的人致敬：

我爱亲人和祖国

我更爱荣誉

我是一名光荣的志愿军战士

冰雪啊，我绝不屈服于你

哪怕是冻死

我也要高傲地耸立在我的阵地上

  70年岁月变迁，山河日新、精神不灭，唯有让革命乐观主义精神跨越时空、历久弥新、代代传承，我们才能从容面对百年未有之大变局，在实现中华民族伟大复兴的征程中谱写出砥砺奋进新篇章！

2020年11月于西安

致敬"两弹一星"精神

陈坤正

（2020级马克思主义发展史专业硕士研究生）

在那人烟稀少的戈壁滩中、在那苍茫辽阔的大草原上、在那杳无音信的实验室里，一群默默无闻、心怀祖国的科研工作者，挺起了共和国的坚实脊梁，浇筑了热爱祖国、无私奉献、自力更生、艰苦奋斗、大力协同、勇于登攀的"两弹一星"精神。

中华人民共和国成立后，面对核大国的威胁，党和国家领导人深刻认识到"只有掌握最先进的科学，我们才能有巩固的国防"，落后就要挨打，靠祈求换不来和平。

一边是资源匮乏、一穷二白的罗布泊，一边是实力强劲、待遇优渥的康奈尔大学，大家会选择哪个呢？有一个人，他不惜烧掉十几年积累的珍贵手稿，坚定地选择了这片虽然贫瘠，却养育他成长的土地。这个人，就是郭永怀。刚刚回国的他，立即投入到中国核武器研制的紧张工作中。1960年，中苏关系恶化，苏联撕毁协议撤走专家，中国的核武器研制陷入了停滞状态。怎么办？郭永怀临危受命，成为专家组的一分子。喝苦水、睡帐篷，他常驻核武器研制第一线，听汇报、做实验，他奔波于北京、青海和罗布泊之间。然而，意外总是悄然降临，1968年12月5日，郭永怀从青海基地乘飞机返京途中遭遇空难，烈焰吞噬了整个机舱，当人们从机身残骸中找到郭永怀时发现，这位瘦弱的英雄同警卫员紧紧地抱在一起。烧焦的遗体被吃力地分开后，中间掉出一个装有绝密文件的公文包。这一年，他59岁。

　　在生命的最后瞬间，他想到的却是用身体保护国家秘密的安全！他就是所有"两弹一星"科研工作者的缩影。时间紧、任务重、条件差、资源匮乏，但他们却攻克了一个又一个技术难题。1964年，我国第一颗原子弹成功爆炸，震天动地，响彻云霄。1967年，我国第一颗氢弹在距地面2000多米的高空成功试爆。也是在同一时期，我国的导弹研制也取得重要突破。到1970年，我国第一颗人造地球卫星"东方红一号"发射成功，开创了中国航天事业的新纪元，将一首"东方红，太阳升"唱遍寰宇。

　　"两弹一星"精神是中国人民和中华民族的宝贵精神财富，同时也是伟大民族精神的重要组成部分。从"两弹"到"东风"、从"东方红"到"北斗天宫"、从"悟空""墨子"到"嫦娥""神舟"，我国的科研事业日新月异。习近平总书记在给参与"东方红一号"任务的老科学家的回信中深情指出："当年，你们发愤图强、埋头苦干，创造了令全国各族人民自豪的非凡成就，彰显了中华民族自强不息的伟大精神。"齐心协力、锐意进取，凝聚着聪明才智，浸透着辛勤汗水。无论是为国献身，还是罗布泊扎根，无论是科学研究的同舟共济，抑或是对"揽月梦"的不懈追求，都深深印刻着爱国与创新的鲜明底色。

　　历史是一部教科书，"两弹一星"精神始终彰显着以伟大创造精神、伟大奋斗精神、伟大团结精神和伟大梦想精神为主要内涵的伟大民族精神。而伟大民族精神，也无疑是引领全国人民实现中华民族伟大复兴的中国梦的强大精神力量所在。在"两弹一星"精神的鼓舞下，在伟大民族精神的引领下，中国人民书写了太多人间奇迹，千帆竞发、百舸争流，不忘初心、接续奋斗，它们永恒地激励着你我，在历史的洪流中屹立不倒，奋勇向前！

2020年12月于西安

传承雷锋精神　争做时代楷模

| 吴　双
（2021级马克思主义基本原理专业硕士研究生）

1963年3月5日，毛泽东题词"向雷锋同志学习"。雷锋精神如同一首跨越时空、永远暖心的青春之歌，深深地融入我们的血脉中，成为不朽的丰碑。雷锋精神已深深扎根在中国这片广袤的土地上，成为中华民族闪亮的精神坐标和中国共产党人精神谱系中熠熠生辉的组成部分。

一、雷锋何以成为"雷锋"？

雷锋原名雷正兴，1957年2月，他入团后不久便改名为"雷峰"，借此激励自己奋发图强、勇登高峰。1958年秋天，鞍钢来望城县招工，在填写个人信息时，他填上了自己的新名字——雷锋，立志到新中国工业建设的最前沿，打冲锋、做先锋。

感党恩、听党话、跟党走。雷锋在旧社会受尽了压迫，是党把他解放了出来。因此，他总觉得自己为党做的工作太少，而党和人民却给了他太多。对党的恩情的感激，是雷锋同志前进的动力。"我深刻认识到，做每一件工作，完成每一项任务，哪怕是进行每一次学习，都十分需要听党的话。"听党话，为雷锋指明了前进的方向。而跟党走，正是雷锋同志大踏步走在成为一名坚定的无产阶级革命战士的道路上最坚实的支撑。

积极学习，用先进思想武装头脑。雷锋利用假期时间主动学习毛泽东著作，在读到"关心党和群众要比关心个人为重，关心他人比关心自己为重"后，他把连部发的、自己一直没舍得吃的一斤苹果送给了医院的伤病员。他知道，要想"永远保持自己历史鲜红的颜色"，成为一名优秀的共青团员、共产党员，就必须时时刻刻以马克思列宁主义、毛泽东思想指导自己的思想和行动。

勇担重任，争做时代的楷模。"我们的国家现在还是一个很穷的国家，并且不可能在很短的时间内改变这种状态，全靠青年和全体人民在几十年时间内，团结奋斗，用自己的双手创造出一个富强的国家"，这是雷锋对青年肩负建设国家的重任的感悟。"当党和人民需要我的时候，我愿意献出自己的一切"，这是雷锋对党、国家和人民的最郑重的承诺。

二、雷锋精神何以铸就？

雷锋精神内涵丰富，涵盖了坚定的理想信念、为人民服务的远大志向、无私奉献的敬业精神、勤俭节约的美好品德等。雷锋精神的深厚根基，是在工作、学习和生活中日复一日的奉献与奋斗。

永不生锈的螺丝钉。除了日常工作的八个小时，雷锋在下班后还会继续劳动，他把自己的被褥搬到车间，一天工作十三四个小时。在建设新厂时，墙砌得越高，运泥越困难。雷锋边干活边琢磨，发明了一个"横杆吊斗"，这个器械能吊泥能吊砖，对施工进度的快速推进产生巨大作用。雷锋用自己全身心投入每一项工作的行为诠释了"干一行、爱一行、钻一行"的螺丝钉精神，他3次被评为先进工作者、5次被评为"红旗手"、18次被评为标兵，在时代的熔炉里千磨万击、淬炼成钢。

服务人民的勤务员。1961年大年初一，雷锋放弃了和战友一起到和平剧院看剧的机会，到外地捡粪。他将捡到的300斤粪送给了抚顺望花区工农人民公社，还给公社党委和社员写了一封新春的祝贺信，他写道："我是人民的子弟兵，我一定要握紧枪杆，保卫我们的社会主义建设，保卫世界和平。我要永远忠于党,永远做好人民的勤务员。我愿为党和人民的事业,献出自己的一切,直至生命。"

在工作中,雷锋锐意进取、自强不息,在超额完成任务的同时不断创新;在生活中,雷锋艰苦奋斗、勤俭节约,用实际行动帮助人民,大力支援国家建设。正是这看似平凡的件件小事的积累,使雷锋成为时代的楷模,铸就了永恒的雷锋精神。

在那个物资相对匮乏的年代,雷锋完完全全把自己奉献给了党、奉献给了国家、奉献给了人民,他以实际行动践行着日记里的一字一句。雷锋的一生,没有惊天动地的壮举,却以一件件平凡事、日常事,彰显了高尚的人格,凝聚成伟大的雷锋精神。

三、何以弘扬雷锋精神?

从雷锋身上可以看出,一个人一旦拥有了崇高理想和坚定信念,便拥有了强大的精神力量,便能把对党和国家的真挚热爱转化为忘我的奉献、敬业、创新和创业行为。在平凡岗位铸就辉煌人生,这是雷锋精神熠熠闪光的鲜明特征。雷锋这种从平凡到不平凡的人生,是我们可以学习也应该学习的。

在建设国家中做一个信念坚定的排头兵。回顾雷锋这短暂却不平凡的一生,促使他做出这一切成就的最大动力是他坚定的理想信念。身在新时代,我们也应树立远大理想、坚定报国之志,将个人的目标追求与祖国发展需要结合起来。勇担时代重任、不断认真学习、锻炼自身各项能力,真正将崇高理想信念落实到生活中的每一件事情上来。

在本职岗位上做一颗永不生锈的螺丝钉。学习雷锋精神,就要把崇高的理想信念和道德品质追求融入日常的工作生活,在自己的工作岗位上做一颗永不生锈的螺丝钉。幸福不会从天而降,梦想不会自动成真,要实现我们的奋斗目标,就必须像雷锋一样辛勤劳动,拿出一份"挤劲"和"钻劲"，在平凡的生活中开创不平凡的人生。

在日常生活中做一个服务人民的勤务员。服务人民要从身边的每一件小事做起。在师大校园里，有许多学生志愿者的身影。他们清理草坪、整理书籍、维持自习室秩序，为建设美丽校园贡献力量，这些看似平凡的小事，生动地体现了师大学子积极传承雷锋精神的青年担当。

作为新时代的青年，我们需要见贤思齐、需要向楷模看齐、需要凝聚精神力量。我们要高擎雷锋精神火炬，当好雷锋精神传人，广播雷锋精神种子，让雷锋精神在新时代绽放更加璀璨的光芒，为全面建设社会主义现代化国家、全面推进中华民族伟大复兴凝聚强大力量。

2022 年 6 月于西安

传承焦裕禄精神　做人民好公仆

高美玲

（2021级思想政治教育·卓越教师实验班）

1966年2月7日清晨，一则人物通讯通过广播传到了千家万户。著名播音员齐越负责这篇报道的播报。以往播稿时，他都是一气呵成，但这次，他却情不自禁地颤抖、哽咽。这篇报道正是新华社长篇通讯《县委书记的榜样——焦裕禄》，报道深情地记录了焦裕禄带领河南省兰考县干部群众与严酷自然环境顽强斗争的事迹。

九曲黄河的最后一道弯流过兰考县，但黄河并没有惠及这座豫东小城。兰考是著名贫困县，内涝、风沙和盐碱"三害"长年肆虐。1962年，兰考21万亩麦子在春天被风沙打毁，23万亩庄稼在秋天被水淹坏，10万亩禾苗在盐碱地绝产，那年粮食（平均）亩产只有43斤，产量降至新中国成立以来最低水平，受灾人口占了全县人口的大半。自然灾害带来的伤害不解决，贫困面貌就无法从根本上改变。

1962年，焦裕禄临危受命，来到兰考担任县委书记。为摘掉兰考县的穷帽子，他忍受病痛折磨，奋力改变兰考面貌，和当地干部群众排内涝、战风沙、治盐碱。1964年冬，不满42岁的焦裕禄因病逝世。焦书记生前亲手种下的泡桐树，早已树冠如盖，被兰考人民称作"焦桐"。在兰考人民心中，焦桐是他，他亦是焦桐。焦裕禄的意志正如泡桐树般不屈不挠，焦裕禄的品格正如泡桐花般无私无瑕。今天，我们仰望焦桐树，不仅是为了缅怀这位优秀的县委书记，更是为了赓续亲民爱民、艰苦奋斗、科学求实、迎难而上、无私奉献的焦裕禄精神。

亲民爱民是焦裕禄亲近民众、一切为民的公仆情怀。他是全心全意为人民服务的典范，他的一生是为人民利益鞠躬尽瘁的一生。在风沙漫天的白昼，在大雪纷飞的夜晚，他带领村干部深入到最穷最苦的地方，倾听群众呼声、了解群众疾苦、解决群众困难。在风沙治理时，在洪水疏导时，他始终脚踏大地俯下身子，与群众同吃同住同劳动。习近平总书记评价说："焦裕禄同志是县委书记的榜样，也是全党的榜样。"

艰苦奋斗是焦裕禄勤俭节约、艰苦创业的精神状态。物质的匮乏，身体的病痛，都不曾动摇焦裕禄改变兰考的决心。上任以来，焦裕禄一直用的是兰考县委初建时买的办公桌和文件柜，他用过的一套被褥有78个补丁，穿过的一双鞋破了12个窟窿，鞋里衬布几乎被磨光也舍不得换。他白天去考察，晚上就在这样艰苦朴素的环境中查阅资料、寻求治理办法。

科学求实是焦裕禄亲身实践、注重调查的工作作风。"吃别人嚼过的馍没味道。"在任的475天，一双破洞布鞋、一辆破旧自行车、一把斑驳雨伞，陪伴他跋涉5000多里，考察120多个大队，最终绘制成一张地图——详细记录了兰考县的17条大沙龙、86个风口和261个大沙丘。一次次下乡走访，一次次开座谈会，一次次躬身实践，焦裕禄终于摸清了兰考"三害"的成因并找到了治理"三害"的法宝——速生泡桐林。

迎难而上是焦裕禄不怕困难、不惧风险的无畏气概。初到兰考，呈现在焦裕禄眼前的是一望无际的黄沙，结着冰凌的洼窝和摇曳着枯草的盐碱地。为治理"三害"，焦裕禄成立调查队，在大雨滂沱中查流势，在风沙肆虐时查风口，在盐碱严重时尝碱土——永远走在调查第一线。

无私奉献是焦裕禄廉洁奉公、勤政为民的道德情操。廉洁的共产党人是看不得人民吃苦的。焦裕禄每次下乡，无论带了多少粮票多少钱，回来都是一分不剩。他自掏腰包买布、买红糖送给素不相识的贫农，送粮票给身体虚弱的大爷大娘。但焦裕禄在临终前却跟妻子一再交代，日子过得再艰难也不要向组织上要救济。

焦裕禄在笔记中写道："要像泡桐那样，抓紧时间，迅速成长，尽快地为人民贡献出自己的力量。"他用坚强的毅力、炽热的情怀，带领全县干部群众与天斗与地争，让沙土生根让泡桐开花。功夫不负有心人，在焦裕禄去世后第二年，兰考实现了第一次粮食自给。

如今的兰考贫困不再，昔日泛白的盐碱地、沙地也早已沃野千里，黄河大堤蔚为壮观，游人如织。当年治理"三害"的泡桐树，为当地古琴产业提供重要原料，成了帮助兰考人民脱贫致富的"摇钱树"。如今，无数像他那样的"拼命三郎"扎根兰考，入户调研，开展帮扶，助力兰考成功脱贫。

从1964年至2022年，焦裕禄同志辞世已半个多世纪。这位铮铮铁汉代表了千千万万无私奉献、艰苦奋斗的中华民族优秀儿女。时代的长河奔涌向前，焦裕禄精神从未过时。从2009年至2014年，习近平总书记曾三次来到兰考致敬忠魂。他说，焦裕禄精神"过去是、现在是、将来仍然是我们党的宝贵精神财富"。时代纵然在变，但焦裕禄精神却如焦桐树般永远不会褪色。

在新时代，青年一辈更要努力学习，用行动诠释焦裕禄精神。历史的接力棒已然交到我们青年手中，先烈沉甸甸的精神品格要由我们来传承，更要由我们来书写。艰苦奋斗、科学求实的态度永远在路上。在焦裕禄精神感染下，驻村书记黄文秀、县委书记廖俊波、返乡精英秦玥飞等典型人物的事迹催人泪下；一批批青年教师参与支教，为闭塞的乡村带来知识与希望；"嫦娥"探月、"神舟"飞天、"蛟龙"入海……透过一个个鲜活的案例，我们看到焦裕禄精神在新时代熠熠生辉。

他们的故事还未结束，新的故事还在续写。习近平总书记指出："奋斗是青春最亮丽的底色，行动是青年最有效的磨砺。有责任有担当，青春才会闪光。"生逢盛世、重任在肩，新的赶考路上，接过民族复兴的接力棒，我们应不畏苦难与挑战，将焦裕禄精神贯彻到个人成长的方方面面，将好作风弘扬在新时代。

2022年8月于重庆

历久弥新的红旗渠精神

史乐琪

（2020级思想政治教育2班）

在太行山的东麓，盘旋着这样一条蓝色"丝带"，周恩来总理曾向国际友人骄傲地介绍它，称为新中国两大奇迹之一，它就是河南安阳林州的红旗渠。

红旗渠长达1500多公里。据计算，"如果把10年挖砌的1818万立方米土石筑成宽2米、高3米的墙，可以纵贯中国南北，把广州和哈尔滨连接成一道'万里长城'"。我们无法想象，在当时物资极其匮乏的情况下，林州人民是如何仅仅凭借一双手，一锤锤、一钎钎，在太行山的悬崖峭壁上创造出这惊天动地的奇迹。

"一渠绕群山，精神动天下"，在这重造山河的10年中，林州不仅一改贫穷旧貌，从"战太行""出太行"到"富太行""美太行"，形成了伟大的红旗渠精神，历久弥新，始终照耀着我们前行的道路。

一、红旗渠精神是共产党人心系人民的不变初心

据修渠的领头人、林县（今林州）县委第一书记杨贵回忆，在他刚刚分派到安阳林州工作时，全县550个较大村庄，有307个村子需走远道吃水，其中126个村子的人要走5公里以上。田地因为缺水干枯而龟裂一指多宽，粮食产量极低，落后的交通使得运输粮食成为极大的困难，缺碘造成的"大脖子病"曾一度泛滥成灾，不少人甚至患上了食管癌。毫无疑问，

面对如此棘手的情况，想展开宏大的修渠工程，并不辜负全体村民的信任势必要顶着巨大的压力。

然而"急人民之所急、想人民之所想"的初心从不会因为任何阻挠而改变。在1954年5月杨贵赴任林县县委书记伊始，就向全县人民表达了他坚定的决心："水就是林县的一切。只要在林县这块地界上干事，就得为父老乡亲们彻底解决缺水的问题。否则，我们就不是真正的共产党人。"在修建红旗渠的过程中，不乏怀疑甚至批评、反对的声音，还有人称杨贵这是"秦始皇修长城"，重重困难可想而知。但怀疑声再大，大不过共产党员造福人民的愿望，红旗渠工程最终克服千难万险顺利完工。

二、红旗渠精神是敢于同困难叫板、敢闯敢干的勇气

红旗渠建设初期，是我国物资极其匮乏的三年困难时期，想要完全依靠国家财政来进行建设，在当时几乎是一件不可能的事。林县人民并未因此而退缩，而是选择了"自力更生为主、国家扶持为辅"，他们不等不靠，也不一味地向上伸手。杨贵回忆："当时林县人民不会造钢钎，就在节约上想办法：长钎磨短了就当小撬用；小撬磨短了，就捻成手把钻；手把钻磨短了，就打成破石头的砟；砟也磨小了，就镶在镢头上。"据统计，红旗渠总计1.25亿元的投资，其中65%都是群众自己从裤腰带中掏出来的。

与此同时，在工程建设过程中，技术人员总是早出晚归，冒着冰雪跋山涉水，饿了就啃干粮，渴了就吞冰雪。民工们幕天席地，将床铺搭在石洞里，建成一个简陋的休息所。尽管傍晚被子潮得不能贴身，他们也毫无怨言。风餐露宿于太行山的碎石旁，林县人民期待着能够实现"渠道网山头，清水到处流""生活日日好，山区人民永无忧"的美好愿望，并为此付出了艰苦卓绝的努力，他们敢想、敢闯、敢干。

三、红旗渠精神是代代传承的英雄气魄

张运仁是一名修建红旗渠的工人，上渠3个月，就不幸被飞石击中牺牲。但就在他去世后，他的妻子赵翠英将他们年仅13岁的儿子张买江送上了修渠一线，张买江成为当时年龄最小的修渠者之一。在临行前，母亲赵翠英对他说："孩子，你爹没把渠修到底，你就去替他完成吧，不把水引回来就别回家。"这一去，就是整整9年。1965年4月5日，红旗渠总干渠通水，次年4月，红旗渠修到了张买江的家门口。当儿子随着奔流的渠水跑回家，母亲赵翠英泪流不止，守着哗啦啦的渠水看了整整一夜。这是久别重逢的欣喜，也是得偿所愿的感动。

50多年过去了，张买江的儿子张学义也接手了父亲的事业，在青年洞景区管理处一干就是10年。张学义说："我父亲一直嘱托我，他修好渠了，必须让我看好渠、护好渠、管好渠、用好水，为老百姓办实事。"

在这样一个小家中，红旗渠精神代代相传、生生不息。而在小家之外，更是有无数的人在修建红旗渠的10年间前仆后继，用身躯筑垒起生命的沟渠。

红旗渠的总设计师吴祖太在接到修建干渠的任务后，多次冒险、翻山越岭地进行实地勘测，始终坚守在修渠的第一线，却不幸于1960年3月28日下午，被洞顶掉落的巨石砸中，年仅27岁就牺牲在了修渠一线。

一个英雄倒下了，千万个英雄站起来。在"十万大军战太行"后的60多年间，红旗渠始终静静地流淌在太行山间，而红旗渠精神也一直激励着中国人民不断向前。林县的能工巧匠们凭借着自己的精湛技术和吃苦耐劳的优良品质走出了一条富裕之路。在当时，林县人民每年可以带回劳务收益3亿多元，占全县的57%。20世纪90年代，"先富起来"的林县企业家们带着先进的理念、资金和项目返回家乡，推进林县发展建设，成就了"富太行"的佳话。进入新时代以来，红旗渠精神又激励着林州人民

走"美太行"的新路子，不断转型升级，建设生态良好美丽林州，旅游业成为林州的新名片。林州人民"生活日日好"的梦想正在逐步实现。

红旗渠精神是林州人民代代相传的"传家宝"，也是我们中华民族的宝贵精神财富。正如习近平总书记所指出的："红旗渠精神是我们党的性质和宗旨的集中体现，历久弥新，永远不会过时。"时光会不断飞逝，红旗渠精神却会代代传承。

2022 年 6 月于西安

塞罕坝精神：一代代人的绿色接力

冯嘉敏

（2019级思想政治教育·卓越教师实验班）

在北京北侧400多公里，镶嵌着一颗"绿色明珠"——塞罕坝。在蒙古语里，塞罕坝的意思是"美丽的高岭"。清康熙年间，这里地域辽阔、水草肥美，被开辟为木兰围场。然而，到了清朝末年，国势衰微、内忧外患，为了弥补国库亏空，木兰围场开始开围放垦，这里的树木被大肆砍伐。后来，又遭受了日本侵略者的掠夺砍伐和连年战火。到了中华人民共和国成立初期，塞罕坝退化成茫茫荒原，几乎看不到一个活物。1962年，第一批塞罕坝人响应党和国家的号召，来到这里植树造林，用60多年的时间将荒漠变成了林海，让塞罕坝成为世界上面积最大的人工林。我们不难发现，塞罕坝由最初的天然森林退化成荒原秃岭，是塞罕坝人又将其变成万亩林海，创造出令世界震撼的绿色奇迹。在这场绿色奇迹的背后，是无数塞罕坝人的无私奉献，他们用实际行动铸就了"牢记使命、艰苦创业、绿色发展"的塞罕坝精神。

一、牢记使命，咬定青山不放松

60多年前，塞罕坝还是一片荒漠，也给北京带来了风沙的侵扰。塞罕坝在北京北侧，根据专家预测，如果不尽快治理塞罕坝，不出50年，北京将会被荒漠化，不再适宜人类居住。因此，1962年王尚海临危受命，肩负着"为北京阻沙源，为京津涵水源"的重大使命，带领来自全国18个省市的年轻人前往塞罕坝植树造林。

然而上坝后,困难超乎想象。根据当时造林人回忆,坝上的气候极端恶劣,最低气温达到零下四十多摄氏度,他们只能睡在临时搭建的草棚窝里,凛冽的寒风从白天刮到黑夜。这还只是生活上的困难,种树的困难远比这大。第一年,他们艰难种下1000多棵树苗,成活率却只有5%,第二年树苗的成活率仍不足8%,可以说是种一年死一年。在这个关键时刻,王尚海带领第一任党委班子举家上坝,吃饭睡觉都在坝上。经过艰苦的研究试验,他们终于培育出了新的树苗,挺进马蹄坑,大家在荒山上守了整整一个多月。终于,奇迹出现了,大部分树苗开始生长,这次的成活率高达96%。60年过去了,96万亩树木让塞罕坝换了新面貌,实现了从荒原秃岭到林海万亩的华丽蜕变。

忠于使命的精神贯穿王尚海等第一代造林人的一生。由于当时环境艰苦、劳动强度大,他们的平均寿命只有52岁。王尚海去世后,他的家人遵从遗愿,将他的骨灰撒在马蹄坑。伴他长眠的那片落叶松林,如今被称作"尚海纪念林",树木茁壮成长,继续挡风护沙。岂曰无碑?山河为证。岂曰无声?林海即名。

第一代塞罕坝人用他们的青春和生命践行着党赋予的"为首都阻沙源,为京津涵水源"这一神圣的历史使命。他们把党赋予的使命化为自身的责任担当,扎根在塞罕坝,在为人民服务的奋斗中绽放青春的生命光彩。

二、艰苦创业,一代接着一代干

在塞罕坝,有这样一句老话:献了青春献终身,献了终身献子孙。经过第一代造林人之后,又不断涌现出许许多多林二代、林三代,一批又一批年轻人来到塞罕坝,继续着前人的造林工作,"塞罕坝精神"跨越时空薪火相传。

在塞罕坝,最高的建筑便是望海楼,这是塞罕坝防火瞭望员工作的地方,他们在高高的望海楼上观望火情,被形象地称作"塞罕坝的眼睛"。作为林二代的刘军和他的妻子在2008年就来到了这里,15年的坚守中克服了一个又一个困难。60年来,一共有近20对夫妻坚守望海楼,在他们的守护下，上百万亩的塞罕坝从未发生过一起火灾。

不仅如此，许多林三代也开始了新一轮的攻坚造林。他们在难以耕种的石质阳坡上见缝插绿，经过艰苦的研究、实验，成功将树木的面积扩大到了112万亩。他们一致认为："现在虽然条件好了，但艰苦创业的精神永远不会过时，我们要把在学校学到的知识运用到实践中，造福家乡、回馈林场！"

艰苦创业，是塞罕坝人奋斗的主旋律。从拓荒植绿到护林营林，塞罕坝人从未停止创业的脚步。第一代拓荒、第二代传承、第三代攻坚。一代接着一代干，驰而不息，久久为功，在前人的基础上再接再厉，在实现第二个百年奋斗目标新征程上再次建功立业！

三、绿色发展，生态经济齐并进

在2017年第三届联合国环境大会上，塞罕坝荣获联合国环保最高荣誉——"地球卫士奖"。近年来，塞罕坝林场不断助力脱贫攻坚、乡村振兴，良好的生态环境带动了周边的乡村旅游，农家乐、土特产加工等产业迅速发展，周围约2.2万贫困人口成功脱贫。

2021年8月，习近平总书记来到塞罕坝，他对林场职工代表说："塞罕坝林场的建设史是一部可歌可泣的艰苦奋斗史。你们用实际行动铸就了牢记使命、艰苦创业、绿色发展的塞罕坝精神，这对全国生态文明建设具有重要示范意义。"

盛世兴林，泽被后世，绿色发展，利在千秋。塞罕坝之路是播种绿色之路、捍卫绿色之路、绿色发展之路。塞罕坝人从一开始就清楚地认识到，要想做"乘凉者"，就必须先做"种树者"；要想做良好生态环境的受益者，就要先做好生态环境的建设者。身为中华儿女，我们脚下的这片土地是属于我们每一个人的。塞罕坝人用60多年和三代人的接续奋斗，将荒漠变成林海，我们青年一代更不能坐享其成，而应以实际行动传承和发扬塞罕坝精神，一代接着一代干，共同把我们的祖国建设得更加美丽！

2022年6月于西安

载人航天精神圆梦想

> 武花妮
> (2018级思想政治教育二班)

党的十一届三中全会后,中国共产党明确把发展载人航天事业纳入"863计划"(国家高技术研究发展计划)。1992年,又确定了"三步走"战略发展目标。2010年,又适时做出空间站建设的重大决策,提出在2020年前后建成具有中国特色、能够充分发挥效益的空间站。新时代,我们更是满怀信心地把"建设航天强国"写入党的十九大报告。党的二十大报告更是突出强调,一些关键核心技术实现突破,战略性新兴产业发展壮大,载人航天等技术取得重大成果,我国进入创新型国家行列。

一、"特别能吃苦"

"特别能吃苦",是由载人航天领域的特别工作环境锤炼而成的。

载人航天飞行的核心是"载人"。从1996年起,我国就开始选拔航天员。挑选航天员的条件十分严格,堪称"过五关斩六将":医学临床检查,要对人体的几十个大大小小的器官逐一检查;在离心机上飞速旋转,测试受试者胸背向、头盆向的各种超重耐力;进行下体负压等各种耐力测试。最终,在1506名飞行员中,14人脱颖而出,成为我国第一批航天员,是名副其实的"百里挑一"。

我们熟知的杨利伟也是其中之一。在选拔过程中,他真正体会到了在航天员耀眼光环的背后，是汗水和艰辛、奉献和牺牲。离心机在加速旋转，承受超过自身8倍的重力加速度时，杨利伟的面部肌肉开始变形下垂、肌肉下拉，整个脸只见高高突起的前额。做胸背方向超重时，他前胸后背像压了块几百斤重的巨石，造成心跳加快、呼吸困难。这些训练的一部分内容都足以让我们胆战心惊，然而，中国航天人没有被吓倒，他们咬紧牙关，一次次向生理和心理极限发起挑战，"一切为了任务，一切为了胜利"是他们吃苦受累、向死而生的唯一目的。

二、"特别能战斗"

"特别能战斗"，是由载人航天事业的高风险挑战历练而成的。在中国神舟号发射过程中，这样的高挑战工作并不少见。2011年10月22日，位于北京的神舟九号在进行整船热试验时发生了意外情况。"神九"上的CTU（计算机核心单元）在一个特定的温度段发出指令时，遥测信号丢失。这意味着如果飞船接收这样特殊的指令，将与地面失去联系，后果不堪设想。根据航天质量管理条例，相同批次的产品出现问题，要开展举一反三工作，及时剥离问题，确保飞行无隐患。而当这个消息传来时，距离船箭组合体转运时间只剩三天了，"天宫"已经在太空调整好姿态等待"神八"到来，若不如期发射则还需要等一个多月。怎么办？在第一时间，中国航天科技集团公司组织西安的专家迅速研讨战斗，大家达成一致，当前一方面是要继续对该问题进行定位、复现，找到问题所在，另一方面需要做好神舟八号相关预案。

经过来自四地150多位专家的"集体会诊"，做出了"不拆卸神八CTU"的决定，保证了神舟八号的原有状态，太空中的"穿针引线"才得以实现，而这样的攻坚克难精神恰恰印证了航天人敢于超越的奋斗品格。

三、"特别能攻关"

"特别能攻关",是在抢占载人航天技术制高点奋斗过程中磨砺而成的。

中国的航天工业起步晚、基础弱,相比美俄而言有着几十年的差距,选择一条适合中国的航天发展道路十分关键。中国载人航天工程总设计师王永志说:"我们要横空出世,一起步就要赶超到位。"

在工程技术人员的艰苦努力下,我国很快制造出了自己的三舱航天飞船,不仅如此,还针对"联盟-TM"号飞船的缺点做了重大技术创新:在轨道舱上增加连接附件,变单一功能轨道舱为多功能轨道舱。通过这项技术,原先航天员返回地球后只能废弃的轨道舱现在可以继续留轨利用,其功能相当于一颗大型应用卫星,将来甚至还可以用于组建国际空间站。

四、"特别能奉献"

"特别能奉献",是由航天人秉持的精忠报国理想信念铸就而成的。

1998年中国人民解放军航天员大队正式成立,吴杰便是首批14名航天员之一。与其他航天员不同的是,他前两年和另一名战友李庆龙作为中国提前选拔出的两名航天员教员,去往俄罗斯加加林航天员训练中心接受基础性科目训练。

为期1年的训练是残酷的。一次训练中,李庆龙和吴杰被拉到北极圈的一片雪野,在零下五十摄氏度的低温下生存了48小时。仅这一次训练下来,李庆龙的体重足足掉了4斤。

2003年7月,首批14名航天员接受5年训练的最终考核,评选结果是14名航天员全部具备了独立执行航天飞行任务的能力,予以结业,获得三级航天员等级称号。这意味着中国第一代航天员正式产生,但也意味着，并非所有首批航天员都有登上太空的机会，吴杰和李庆龙就是如此。2014年1月，上级宣布了李庆龙、吴杰等5名航天员停航停训的命令。由于年龄原因，他们再也没有执行航天任务的机会。他们给这场漫长考试的答案是"不忘初心，不悔始终"。在苍茫问月的日子里有无数个"吴杰、李庆龙"一直默默坚守，把青春奉献给祖国的航天事业。

十年磨一剑，奋斗铸辉煌。中国航天人在攀登科技高峰的征程中，把热爱祖国、为国争光的坚定信念，勇于登攀、敢于超越的进取意识，科学求实、严肃认真的工作作风，同舟共济、团结协作的大局观念，淡泊名利、默默奉献的崇高品质写入了浩瀚太空，并凝结成"特别能吃苦、特别能战斗、特别能攻关、特别能奉献"这"四个特别"的宝贵精神财富，是中华民族伟大复兴道路上的一座丰碑。

2022年6月于西安

劳模精神树丰碑

> 李智祥
>
> （2021级思想政治教育·卓越教师实验班）

习近平总书记在同全国劳动模范代表座谈时指出："长期以来，广大劳模以平凡的劳动创造了不平凡的业绩，铸就了'爱岗敬业、争创一流、艰苦奋斗、勇于创新、淡泊名利、甘于奉献'的劳模精神，丰富了民族精神和时代精神的内涵，是我们极为宝贵的精神财富。"

劳动是人类社会生存和发展的基础，是创造美好生活的源泉，劳模精神反映劳动模范在劳动实践中的职业素养、职业能力、职业品质。从革命战争年代"边区工人一面旗帜"赵占魁、"新劳动运动旗手"甄荣典，到社会主义建设时期的"高炉卫士"孟泰、"宁肯一人脏、换来万人净"的时传祥；从改革开放和社会主义现代化建设新时期的"蓝领专家"孔祥瑞、"金牌工人"窦铁成，到中国特色社会主义新时代"二十年只为开好公交车"的常洪霞、"毕生服务农业技术推广"的于杰……一批批、一代代劳动模范用辛勤劳动为祖国做出了杰出贡献，并带动全社会踔厉奋发、不断前进。

广大劳模以巨大热情投入劳动，根本在于有党的领导。在中国共产党的领导下，全国劳动者紧密团结在党中央周围，接受党的引领，树立了坚定的共产主义信仰，从此有了无穷的精神力量的支撑。全国劳动模范、北京百货公司售货员张秉贵刚上班的时候，还受过去一些旧商人陋习的影响，一位顾客要买两块桃酥，张秉贵嫌买得少没有理睬，而去接待购货多的顾客。那位顾客向公司提了意见，同事们批评他，他说："我多售货，是想为国家多创造些财富，有什么不对？"经过支部书记的思想工作，张秉贵认识到，人民是国家的主人，要为国家服务怎能不先为人民服务呢？书记说："我们售货员要胸中有一团火，温暖顾客的心，树立完全、彻底为人民服务的思想。"正是有了坚定的信仰，从为人民服务出发，张秉贵从1955年11月到百货大楼站柜台，30多年的时间接待顾客近400万人次，没有跟顾客红过一次脸，吵过一次嘴，没有怠慢过任何一个人。在党的领导下，中华人民共和国建立了人民民主专政制度，人民成了国家的主人。西北国棉一厂纺织工人赵梦桃在中华人民共和国成立后，真正感受到人民成了主人，赵梦桃的主人翁意识从无到有，并不断增强。她刻苦钻研技术，勇于创新，摸索出了一套科学的巡回清洁检查操作法。按这种操作法，细纱车的清洁几乎达到完美，断头减少三分之二，粗细节坏纱比过去大大减少，这种方法对提高棉纱条干均匀度和棉布的质量起了重要作用。从1952年起，她创造了连续7年"月月全面完成生产计划"的先进纪录。由此可见，只有人民成了国家的主人，人民劳动的主动性积极性创造性才能被充分激发出来，才会诞生一批批劳动模范，创造伟大的劳动奇迹。

在党的领导下，我国建立了新的公平的分配制度，在旧社会，广大劳动者的劳动成果都被剥削阶级夺取了。在这种情况下，劳动者越努力劳动，剥削阶级的物质生活水平就越高，而无论劳动者怎么努力，普通劳动者的生活永远充满苦难，社会地位永远低下。这种人剥削人的制度压榨着劳动者的血肉，打压了他们的劳动积极性和创造性。中国共产党带领广大人民彻底消灭了人剥削人的分配制度，1956年三大改造完成，我国彻底结束了人剥削人的制度，建立起按劳分配的公平制度，劳动者迎来了从未有过的美好时代。劳动光荣、各业平等成为社会新风。张秉贵在旧社会当过学徒、赵梦桃也亲身经历了时代巨变，像他们这样千千万万的劳动者，从新生的共和国中、在公平的社会分配中受益并认识到了自己劳动的价值,从而更加积极、勤奋地劳动。

榜样的力量是无穷的,劳动模范是民族的精英、人民的楷模。劳动模范带动了身边群众乃至全社会人们辛勤劳动,在他们的劳动实践中凝练形成的劳模精神更是促进广大人民在日常劳动中战胜困难、不断创新的强大精神力量。赵梦桃作为工人阶级的一分子,不单单努力提升自己的劳动技术,还主动帮助其他工人。她为了帮助姐妹们共同完成生产任务,曾十多次将使用顺手的好车主动让给别人,自己克服困难开陈旧的"老虎车",并年年超额完成生产任务。她帮助13名工人成为工厂和车间的先进生产者,在她的影响和带动下,"人人当先进,个个争劳模"蔚然成风,她领导的小组被评为全国先进集体。时至今日,"赵梦桃小组"在一代代工人传承劳模精神、接续奋斗中仍然闪耀着光彩。

陕西师范大学的老校长、中国科学院院士房喻教授于2003年获五一劳动奖章,2004年获全国劳动模范,2010年又获评全国先进工作者。《新华每日电讯》就曾在"成风化人"版刊登了题为《半辈子跟"危险"打交道,这位院士有点"疯"》的人物通讯,报道房喻教授的科研育人故事:为了研究爆炸物敏感材料,出差途中,一看到嗅爆犬,房喻教授就跟着跑,观察犬的行为。在实验室,他举着臭袜子,托着烂苹果,跟学生一起排除"异味"干扰。经过20余年持续攻关,房喻团队打破国外技术垄断,研制出具有国际竞争力的爆炸物探测装备。"只要接触过爆炸物,哪怕清洗两三天,也能瞬时测出。"房喻教授的"疯",其实就是他全身心投入科研劳动,不懈奋斗,践行劳模精神。房喻教授对身边人尤其是学生影响很大,他的学生、安康中学教师张莎莎就以房老师为榜样,兢兢业业,荣获了全国"最美教师"。

如今,有的人认为人工智能、机器人可以完全取代人类的劳动,这种观点是不正确的。人民创造历史，劳动开创未来。劳动是推动人类社会进步的根本力量。幸福不会从天而降，梦想不会自动成真。人工智能无法进行创造性劳动，更不懂得精神力量的强大。人工智能、机器人应该成为人类的助手，而非取代人类的劳动。

"一勤天下无难事。"作为新时代的青年，我们应当传承和践行劳模精神。在生活中，珍惜参加体力劳动的机会，体会劳动的价值；在学习中，孜孜不倦，踏实积学，为日后走上劳动岗位奠定良好基础。民族复兴的历史重任将在我们这一代人的奋斗中实现，我们应该笃行不怠、奋楫争先，为实现中华民族的伟大复兴做出应有的贡献，书写绚丽的青春篇章！

2022 年 5 月于西安

申纪兰，共和国不会忘记您

> 王 惠
> （2020级马克思主义中国化专业硕士研究生）

太行垂首，浊漳呜咽，泪水如雨水般倾洒，雨水如泪水般倾诉。老百姓爱戴的申大娘永远走了，但她对党的一片赤诚，对祖国的无限热爱，对人民的无比忠诚，如浊漳河里的涛声般亘古，如太行山上的劲松般常青！

"申纪兰，牢记初心、不忘使命的农村先进模范，一届至十三届全国人大代表，倡导并推动'男女同工同酬'写入宪法，六十多年来带领群众艰苦奋斗，为老区建设做出巨大贡献。"申纪兰，从外貌上看，她是一位非常朴实的农村妇女，齐耳黑发、皱纹丛生，给人一种亲切温馨之感，正是这样一位平凡的妇女，用85载的岁月书写了伟大辉煌的英雄事迹。

一、殚智竭力推行同工同酬

中华人民共和国成立初期，太行山一脉流传着"好男走到县，好女不出院"的封建传统思想，担任山西省西沟村初级农业生产合作社副社长的申纪兰，走街串巷、四处动员，成功劝说了22名妇女离开锅台、灶台和碾台，下地参加集体劳作。然而按照当时社里的规定，女人一天劳作所得工分只是男人的一半，此规定极大地挫伤了妇女的生产积极性。为扭转这种境况，申纪兰在西沟村大力推行"劳动竞赛"，主张劳动不分性别，工分与效益挂钩，从此，妇女的积极性调动了起来。1954年，申纪兰当选第一届全国人大代表，她提出的"男女同工同酬"建议被载入中华人民共和国第一部宪法，该建议打破了女子"三从四德"的精神枷锁，促进了妇女解放运动的发展。

二、积年累月打造绿水青山

"山是石头山，沟是石头沟，无土光石头，谁干也发愁"，反映出了20世纪50年代西沟村的贫瘠。遍地光秃、石头密布的恶劣环境带来的必然是长久的贫穷。为了打造发展优势，改变西沟村贫困落后的面貌，申纪兰秉持着"能栽活一棵，就不愁一坡"的信念，率领村民劈山取石、打坝治水、开荒造田，经过戴月披星、积年累月的艰苦劳作，西沟村由过去的荒山荒滩变成了现在的万亩苍翠。如今，总面积3.05万亩的西沟村绿植面积竟达2.67万亩，不仅改善了西沟村生态环境，为生态旅游业发展积蓄了资源，也促进了西沟村经济发展，开启了西沟人民发家致富的征程。

三、身体力行助力脱贫攻坚

申纪兰生活的平顺县是一个国家级贫困县，摘掉贫困帽、富裕西沟人是她毕生的愿望。申纪兰当时说："现在贫困地区脱贫任务还很重，必须发扬艰苦奋斗精神，听党话，跟党走，打赢这个仗，男女老少一起上！"如何打赢脱贫攻坚战，助力人民脱贫致富，最重要的就是要将农业生态资源和产业开发结合起来。重点抓特色产品、乡村旅游、本地企业的开发建设，主要包括开发党参中药材产业链、发展太行精神红色旅游业以及组建工艺品企业等。2021年我国已经完成了脱贫攻坚、全面建成小康社会的任务，西沟村的面貌也焕然一新。申纪兰不仅带领西沟人民摆脱特困村的"标签"，也为其他地方打赢脱贫攻坚战提供了典型范例。

"太行精神光耀千秋，纪兰精神代代相传"，几十载风云变幻，申纪兰始终坚守劳动信仰、坚信劳动光荣。从推行同工同酬到打造绿水青山，再到助力脱贫攻坚，申纪兰用自己的一生坚守了"听党话，跟党走"的忠诚信仰，始终不改"服务人民，奉献人民"的劳模本色，坚持"人民代表就要代表人民,就要为人民说话、为人民办事"的工作初心与使命。斯人已去,精神不朽,申纪兰"对党忠诚、人民至上"的高尚信仰必将成为激励中国人民的宝贵精神资源。她是新中国的劳动模范,是共和国人民心中的英雄。

  2021年6月,习近平总书记在"七一勋章"颁授仪式上讲话指出:"新时代是需要英雄并一定能够产生英雄的时代。中国共产党要始终成为时代先锋、民族脊梁,党员队伍必须过硬。"2021年是中国共产党建党100周年,百年大党风华正茂恰青春,千年大国崛起跃升正当时,中国共产党必须做到始终有初心、自觉担使命,永葆生机朝气,带领全国各族人民在全面建设社会主义现代化国家新征程上,向着第二个百年奋斗目标、向着中华民族伟大复兴的中国梦奋勇前进。作为当代大学生,走进英雄、学习英雄、宣传英雄是我们的使命,英雄模范精神是我们拥有的宝贵财富,我们要把对英雄的敬仰化为前行的动力,树立拼搏奋斗、劳动光荣的信念,以英雄精神为标杆,以奉献社会为目标,助力中华民族伟大复兴的中国梦早日实现!

2021年7月于西安

传承"三牛"精神　接续拓荒奋斗

于可心

（2020级思想政治教育·卓越教师实验班）

2020年12月31日，习近平总书记在全国政协新年茶话会上强调，要大力发扬"为民服务孺子牛、创新发展拓荒牛、艰苦奋斗老黄牛"精神，在全面建设社会主义现代化国家新征程上奋勇前进。"三牛"精神既传承着中华民族生生不息、锐意进取的强大基因，又揭示了中国人民勇毅前行、拓荒奋斗的精神密码。学习中国共产党人发扬"三牛"精神的故事，我们要传承这经久不息的精神力量，接续奋斗在崭新的征程上。

一、甘做为民服务"孺子牛"

做为民服务"孺子牛"，就是勤恳实干，甘当人民的"勤务员"；就是把最广大人民的利益装在心里，愿意俯下身子为百姓办事。

全国优秀县委书记廖俊波就真真切切做到了尽心尽力为老百姓办实事、谋利益，他常说一句话："帮老百姓干活、保障群众利益，怎么干都不过分。"工作的20多年中，无论在什么岗位，他都一心一意为群众谋幸福，群众对他提出的要求，他都会想方设法去满足。廖俊波乘坐的公务车4年跑了36万公里，平均下来每天就是250多公里。他的同事回忆说，廖俊波常挂在嘴边的话是"等不起啊，等不得！"

2015年，居民张承富老人找到了时任政和县委书记廖俊波的手机号，老人抱着试试看的心理给他发了一条短信,提出希望改善溪边居住环境的意见。出乎意料的是,老人很快收到了廖书记的回复,廖书记还邀请他到办公室见面交流。在廖俊波的推动和居民们的共同努力下,一条崭新的栈道架起来了,困扰居民多年的问题解决了。张承富老人激动地写了一副对联贴在门口:"当官能为民着想,凝聚民心国家强",横批"俊波您好"。读此对联,我们看到了廖俊波在工作中甘做为民服务的"孺子牛",他真心实意为百姓谋福祉。

廖俊波的故事激励着新时代的每一位共产党人,永远为着对事业的执着、对百姓的热爱不懈地奋斗,笃行在实现国家富强、人民幸福的大道上。

二、勇做创新发展"拓荒牛"

敢走别人没有走过的路,才能领略别样的风景。回望中国共产党百年来走过的道路,皆有"敢教荒原成沃野"的开拓。这股攻坚克难、敢为人先的"牛劲",鼓舞我们不惧挑战、勇毅前行。

"中国核潜艇之父"彭士禄为我国核事业做出了开创性贡献,他倾尽毕生在核领域拓荒前行。1965年核潜艇研制项目重启后,彭士禄便来到了偏僻荒凉的四川大山深处。面对当时核潜艇事业的空白,他在无人问津的山坳里夜以继日地钻研探索,从担任核潜艇首任总设计师到指挥大亚湾核电站建设,再到设计建造我国第一座商用核电站秦山二期,他的每一步都是别人未曾走过的,但他的每一步都格外坚定勇毅。

彭士禄以敢为人先的"拓荒牛"精神,以超人的胆识和魄力,带领团队闯过开拓核潜艇事业中遇到的一个又一个困难,填补了一项又一项空白。没有核潜艇资料,就参考国外核电站资料进行研究;缺乏核动力学科人才,就一边研究一边培养自己的队伍。在两年之内,他把50多位学化工、电力、仪表方面的技术人才汇集到核动力学科的前沿,大大缓解了这一领域缺少人才的问题。

正是许许多多像彭士禄一样的人勇于创新、敢为人先，以埋头奋蹄的拓荒牛姿态一往无前，才让越来越多的领域实现了突破。他们是敢于从只有荆棘的地方开辟出新路的人，是他们开辟了一方方沃土、拓展了一片片天地，让中国在充满变局的时代依然稳步前行。

三、争做艰苦奋斗"老黄牛"

"块块荒田水和泥，深耕细作走东西。老牛亦解韶光贵，不等扬鞭自奋蹄。"老黄牛在中国人心中的形象是勤勤恳恳、踏实肯干。

被称为"太行山上新愚公"的李保国用30多年的时间，在太行山中"深耕细作"，完成28项山区开发研究成果，让140万亩荒山由秃变绿，帮助10万农民甩掉"穷帽子"，过上了好日子。1981年，刚参加工作的李保国就选择和同事们一起扎进太行山搞山区开发研究。为研究改善土地的方法，李保国以愚公移山的劲头跑遍了山上的沟沟壑壑，终于探索出了山中造地的办法，打开了群众的致富路。他说："我必须把自己的知识和能力全部贡献出来，太行山的父老乡亲富起来了，我的事业才算成功。"

李保国争当"老黄牛"，通过一点一滴的积累，把曾经的恶水穷山变成了绿水青山，把荒山沟变成了经济沟，成功带领山区群众脱贫致富。创造这样的奇迹，靠的就是勤恳奉献、忠诚实干，是面对困难依然负重前行、不辞艰辛。我们各项事业取得发展进步的背后，有着数不清的"老黄牛"在默默奋斗。

细数百年，一代代中国共产党人甘做为民服务"孺子牛"、勇做创新发展"拓荒牛"、争做艰苦奋斗"老黄牛"，共同谱写了辉煌的历史篇章。回首过往的奋斗路，"三牛"精神是我们砥砺奋进、创造历史的精神动力；眺望前方的奋进路，"三牛"精神是我们勇毅前行、开创未来的精神力量。

说起"开创",青年是最有生气的力量,是开创未来的先锋力量。"衷心希望新时代中国青年积极拥抱新时代、奋进新时代,让青春在为祖国、为人民、为民族、为人类的奉献中焕发出更加绚丽的光彩!"在习近平总书记对新时代中国青年的寄语中,我们看到了青年前进的方向。回顾中国共产党人发扬"三牛"精神的精彩故事,广大青年要带着更为强大的精神力量,沿着正确的方向接续拓荒奋斗,做好新时代的"中国牛"。

2022 年 4 月于西安

弘扬丝路精神　创造美好生活

沈飞鸿
（2020级思想政治教育二班）

随着经济全球化的发展，餐厅里一份菜单的制作需要不同国家所具有的不同食材、不同设备和不同技术等来合作完成。那么具体是什么来联通这些国家，又使这些资源相互配置，从而产生一份让人齿颊留香的菜单呢？答案就是——"The Belt and Road"，相信大家对这个英文名词并不陌生，它的中文意思就是"一带一路"。

2000多年前，勤劳勇敢的中国人打通了一条7000多公里长的道路，联通亚欧的常态化贸易活动便从此开始，这便是著名的丝绸之路起源。当然，它也不是一开始便这样命名的，它的名字经历了发展和改变的过程。直到1877年，德国地理学家李希霍芬才提出了"丝绸之路"这一名称，在此之前，从未有人这样称呼过它。这个名字一经使用，便很好地契合了丝路的浪漫、美丽与奢华。

说到丝绸之路，相信大部分人第一反应就是张骞通西域的故事。《史记·大宛列传》写道："然张骞凿空，其后使往者皆称博望侯，以为质于外国，外国由此信之。"这里提到的"张骞凿空"是什么意思呢？《史记索隐》解释说："谓西域险隘，本无道路，今凿空而通之也。"也就是说，张骞第一次走通了前人未曾开通的道路。

张骞出使西域13载，在悠长的历史长河中留下了丝路的灿烂诗篇。时至今日，那些异邦的风景依旧裹挟着浓郁的中华气韵。如果说世界文明是缤纷多彩的丝线,那么中国便是从未停歇的织机——在东风和西风之下,经与纬、古与今,我们不断走出去,走向世界、博望世界,来求得自己的进步和发展。2013年习近平总书记提出共同建设"丝绸之路经济带"和"21世纪海上丝绸之路"的重大倡议,将目光投向历史。重开丝路,不仅是这种观念的延续和发展,更是人类历史上的又一次"凿空"之旅。

习近平总书记在"一带一路"国际合作高峰论坛开幕式上演讲指出:"古丝绸之路绵亘万里,延续千年,积淀了以和平合作、开放包容、互学互鉴、互利共赢为核心的丝路精神。这是人类文明的宝贵遗产。"这就赋予了古丝绸之路全新的时代内涵,"一带一路"建设这一伟大实践正是在新时期丝路精神的指引下,推动共建地区和国家的人民走上幸福之路,创造美好生活。

第一,和平合作,共迎人类挑战。和平与发展是当今世界的两大主题,"一带一路"倡议乘着这股东风才能越走越远。而中国作为"一带一路"的倡导者,也一直积极地为世界的稳定贡献力量。

习近平总书记在第二届"一带一路"国际合作高峰论坛开幕式上演讲说:"我们启动共建'一带一路'生态环保大数据服务平台,将继续实施绿色丝路使者计划,并同有关国家一道,实施'一带一路'应对气候变化南南合作计划。"自提出建设绿色丝绸之路以来,它就如同来自东方的春风,给"一带一路"共建国家播撒下绿色发展的种子。

"满星叠"是泰国北部一座边境小镇,这里曾经遍植罂粟,是大毒枭的总部营地。自20世纪80年代罂粟被下令铲除后,当地农民又尝试种植稻谷、玉米等作物,但效益都不理想。一些脱贫无望的农民又冒着风险偷种罂粟。而现在,在"一带一路"的帮扶下,中国广西林科院将中国先进成熟的油茶丰产栽培技术输出到泰国、越南等湄公河周边国家,增加了当地农民的收入,并进一步改善当地生产生活环境。昔日的贫穷、战乱随着罂粟一去不返,今天的澜湄合作正在这片土地上开拓和平发展、共同繁荣的道路。中国油茶将继续为湄公河区域播撒和平发展的"希望之种"。

第二,开放包容,普惠共建国家人民。"因开放而盛,因封闭而衰。这是中国人民在历史中学到的重要经验,也是丝路精神的重要思想指引。"西安是古代陆上丝绸之路的起点,昔日它便凭借着丝绸之路走向世界,成为当时的国际化大都市。如今,历经历史积淀的十三朝古都再次成为"一带一路"之上的开放之都。"长安号"的出现,使市民享受到购买全球商品的便捷。一位出口光伏产品的公司代表说:"原来货物从中国运往欧洲要40多天,现在搭乘中欧班列'长安号'只需20多天,供应链更加稳定,交货周期缩短了,物流综合成本大大降低。"像这样受到"一带一路"惠及的企业不胜枚举。乘着"一带一路"这股东风,丝路新使者——中欧班列"长安号"打通了向西开放的通道,将惠及更多共建国家和地区的人民。

第三,互学互鉴,促进民心相通。"文明因交流而多彩,文明因互鉴而丰富。古丝路的一幅幅繁盛画卷,无一不在默默诉说着,文明本是交融、多样的,互学互鉴是丝路精神重要的哲学内核。"

中医药文化是中华优秀传统文化的重要组成部分,也是古丝绸之路商贸活动的重要内容。有不少中药都是舶来品,比如人们熟知的胖大海,原产于越南,是通过海上丝绸之路传入中国的,可见中医药也是在文化交流中发展起来的。作为民心相通的"健康使者",中医药正乘着"一带一路"建设的春风走向世界,也将在和世界的交往中不断与其他地区的传统医药交流融合,为共建国家和人民提供更适合当地的中医药产品。

第四,互利共赢,彰显大国担当。"倡导互利共赢,是'一带一路'建设生生不息的动力,是我们最终战胜全人类共同挑战的秘诀所在。唯有共赢,才能共进退。"在马达加斯加首都西北部的马哈扎扎镇,有几百家蛋鸡养殖户,他们大都依靠去集市销售鸡蛋为生。而去往集市的路却阻碍了他们的致富路,颠簸的土路让本就易碎的鸡蛋变得更加脆弱,破损率高达10%至20%;养鸡户凌晨1点就要出发,开三四个小时车才能保证鸡蛋在早上5点送到首都的货摊上。要想富,先修路。中国政府的援建真正改变了他们的生活,2022年1月,一条全长19公里的沥青混凝土路在这座小镇完工,这条路被当地人亲切地称为"鸡蛋路"。当地的养殖户对这条平坦的新路十分满意:"我们现在可以早上4点才从家里出发运送鸡蛋,而且鸡蛋破损的比例非常低,仔细包装好,在路上小心驾驶,鸡蛋基本不会破。"从颠簸的土路到平坦的沥青混凝土路,从凌晨1点出发到早上4点再走,从坐三四个小时车到20分钟左右就到,从破损率10%至20%到鸡蛋基本无破损,这条"鸡蛋路"让当地人走上了致富之路、幸福之路。在和平合作、开放包容、互学互鉴、互利共赢的丝路精神指引下,"一带一路"的朋友圈不断扩大,并推动共建国家和地区人民走上幸福路、过上好生活。

在西安,站在古丝绸之路的起点,回首历史,也一定能感受到2000多年前我们的先辈"筚路蓝缕,穿越草原沙漠,开辟出联通亚、欧、非的陆上丝绸之路;扬帆远航,穿越惊涛骇浪,闯荡出连接东西方的海上丝绸之路"的伟大壮举。而在2000多年后的今天,在这样一个距离实现中华民族伟大复兴梦最近的时代,我们更应效仿先辈,敢为人先,弘扬丝路精神,共创美好未来!

2022年6月于西安

第四章

青春有我 逐梦前行

百年青春心向党　踔厉奋发启新程

麻一荻
（2021级马克思主义基本原理专业硕士研究生）

2021年7月1日，共青团员和少先队员代表在庆祝中国共产党成立100周年大会上，为党的百年荣光奋斗历史致献词。一时间，"请党放心，强国有我"这一朝气蓬勃的铮铮誓言响彻华夏大地，引发社会各界的广泛共鸣、关注和讨论，为什么要在大会中设立这个独特的环节呢？我以为，这不仅充分展现了党对广大青年的高度重视，也体现了党对共青团的殷切期待。

一、共青团诞生肩负的时代使命是什么？

1919年五四运动爆发，在五四运动中，青年人投身革命追求真理，开办刊物传播新思想。在探索和实践中，一大批进步青年把目光投向了马克思主义，要求建立属于中国人的工人阶级政党。1920年3月，共产国际的使者维经斯基来到中国，先后会见"南陈北李"，在商讨筹建中国共产党的细节问题时，介绍了苏俄共青团开展运动的情况。受此启发，中国共产主义运动先驱领导团结和教育青年，建立革命"后备军"的工作加快推进。1920年8月起，他们在上海、北京等地建立共产主义小组，同时创建了共青团的早期组织。五四运动为团组织的建立提供了思想与组织的土壤。

1922年5月5日，中国社会主义青年团第一次全国代表大会在广州召开，会议为何在此时召开？因为5月5日这一天，是无产阶级的伟大革命导师——马克思的诞辰。这一天，中国社会主义青年团向世界宣告，她是中国共产党领导下的具有真正科学信仰的、由劳动青年构成的革命团体。从此，团的奋斗历程正式开始。

从共青团诞生至今，常常被称作"助手与后备军"，这一称谓出现在中国共产党、中国共青团的重要会议及决议中。党在不同时期有不同的使命，那么团作为"助手与后备军"，在不同时期也承载着不同的功能。就让我们一起来了解不同时期共青团所肩负的使命与担当。

二、不同时期共青团的使命与担当

第一，在新民主主义革命时期，共青团矢志不渝地跟随党前进，将青春热血投入革命。1925年5月，五卅运动爆发，团中央组织多支学生宣传队，收集证据后，奔赴全国各地告知民众惨案背后的真相，发动群众开展反帝运动，促使运动进入高潮。

第二，在社会主义革命和建设时期，共青团配合国家发展战略布局，跟随党推动社会主义建设。中华人民共和国成立之初，全国五亿多人口中，识字人数不到20%，严重阻碍社会各项工作进步。在共青团中央的号召下，一批又一批共青团员来到田间地头、工厂夜校，为工人和农民教习汉字，传授知识。当时只有16岁的共青团员张玉兰被称作点燃知识火把的扫盲人。刚开始，乡亲们不愿意来扫盲班认字，张玉兰只好"软磨硬泡"，每到晚上上课时间，她就到村民家做思想工作，劝他们走进扫盲课堂。在教学中，张玉兰总结出一套"分类教学、分片集中、分段督导"的农村扫盲工作方法，在全国范围内推广，为党的工作在农村顺利开展做出了重要贡献。

第三，改革开放和社会主义现代化建设新时期，共青团跟随党开展理想信念教育，厚植担当意识。1989年，团中央、中国青少年发展基金会发起的"希望工程"，给一大批失学儿童插上了梦想的翅膀，其中，就包括大眼睛女孩苏明娟，如今，她不仅当选共青团安徽省委副书记（兼职），并且早已从曾经的爱心受益者，转变成了捐助者。她的人生里，有过太多感动，其中最打动我的，是她对善意的延续与传承。如今，一所所明亮的希望小学，一张张因为求知而感到快乐的笑脸，都证明党领导下共青团组织的活动，是党的关爱与殷切期望的传承。

第四，中国特色社会主义进入新时代，共青团跟随党建功立业，守正创新。我所在的宣讲团——陕西师范大学新时代大学生理论宣讲团，自2017年成立以来，已经在马克思主义学院团委指导下，连续多个暑假以社会实践的形式深入秦巴山区进行宣讲。多年来，我们结识了无私奉献的基层干部，聆听了乡亲们的致富故事，也见证了原国家级贫困县陕西省岚皋县完成"脱贫摘帽"、踏上乡村振兴新征程的华丽转变。3年来，我们面向当地中小学生、基层党支部进行了百余次理论宣讲，达到了以"精神振兴"促进"乡村振兴"的目标。

在这个过程中，我和小伙伴们不仅承担起了我们的青春担当，让党的创新理论飞入寻常百姓家，更切身感受到乡村的巨大变化。记得2021年7月，我们来到四季镇麦溪小学进行支教及宣讲活动，这所小学依山傍水，古木参天，而且现代化设施齐全。全覆盖的塑胶操场，优良的宿舍条件，都给孩子们提供了最好的成长环境。初次踏入这所校园，我既惊喜又羡慕，不禁感叹岚皋县的发展变化，正是脱贫攻坚迈向乡村振兴的一个例证，更是当代中国不断进步的一个缩影。

三、新时代共青团员勠力逐梦

习近平总书记说："共青团是党的助手和后备军，要始终保持先进性，广大团员青年坚定跟党走，就是初心。"中国共产主义青年团是中国共产党领导的先进青年的群团组织，共青团员也是我们共同的身份。从1922年到2022年，中国共产主义青年团已走过百年历程。这100年来，作为中国共产党的助手和后备军，共青团始终贯彻举红旗、跟党走的光荣传统，党指向哪里，团旗就插在哪里，青年就奔向哪里。作为新时代共青团员的我们，要坚守这份初心，就应该认识到自己的使命和担当，将自己最美好的青春与祖国的发展、民族的未来融为一体。我们不仅要有远大的目标，更要有坚定的信念和踏实的行动，珍惜年华，不辜负好时代，不辜负祖国和人民的期待。新时代新征程上，希望青年朋友们都能不忘初心跟党走，继续和中国共产党这个百岁少年共同创造新的奇迹！

2022 年 6 月于西安

传承五四薪火　今朝奋发图强

王潇祎

（2021级马克思主义中国化研究专业硕士研究生）

2022年，中国共产主义青年团走过了整整100年历程，回顾百年团史，中国青年始终是推动社会发展、实现民族复兴的先进力量。

1918年11月，第一次世界大战结束，在次年1月的巴黎和会上，中国作为战胜国之一出席了这次会议。然而，中国代表提出的旨在争取国家自身权益的合理要求竟然遭到无理拒绝，更有甚者，以英、美、法、意、日为代表的战胜国决定将德国在山东的权益转让日本，并想迫使北洋政府在这样丧权辱国的合约上签字。"自古弱国无外交"的铁律在此刻点燃了国人心中压抑了许久的屈辱与愤怒，以学生为先锋的群体自此掀起一场势如破竹的爱国运动。

时间来到1919年5月4日，3000多名来自北京大学、北京高等师范学校等13所大中专学校的学生组成声势浩大的游行队伍，一路振臂高呼"外争主权、内惩国贼、废除二十一条"，强烈抵制北洋政府的卖国行为，并提出惩办曹汝霖、章宗祥和陆宗舆这三个亲日派官员。当游行队伍行至赵家楼胡同时，一把大火烧了曹汝霖住宅，并痛打卖国官僚章宗祥。时至5日，正式罢课彰显了学生对于巴黎和会不公决定的强烈不满。北京学生的爱国运动在全国各地一呼百应，迅速得到工人和商人群体的支持，至此，工人罢工、商人罢市，抗争形式不断升级，以响应学生运动。最终，北洋政府在强大的民众压力下释放了被逮捕的学生，巴黎和会的签字仪式也未见中国代表的身影。

习近平总书记在纪念五四运动100周年大会上指出："五四运动，以彻底反帝反封建的革命性、追求救国强国真理的进步性、各族各界群众积极参与的广泛性，推动了中国社会进步，促进了马克思主义在中国的传播，促进了马克思主义同中国工人运动的结合，为中国共产党成立做了思想上干部上的准备，为新的革命力量、革命文化、革命斗争登上历史舞台创造了条件，是中国旧民主主义革命走向新民主主义革命的转折点，在近代以来中华民族追求民族独立和发展进步的历史进程中具有里程碑意义。"

百年前的中国青年在山河破碎、风雨飘摇中苦苦探寻中华民族的前途命运，也曾在蒙昧困惑中彷徨，不知中国的未来在何方，直到如今坚定道路自信、理论自信、制度自信、文化自信，正是一代代人的不懈奋斗，才有了今日中国综合实力与国际地位的显著提升。五四运动已走过百余年历程，中国青年以实际行动践行着"以青春之我，创建青春之中国"的誓言。历史和现实都充分证明，中国青年身怀远大理想、厚植家国情怀，他们与时代同步伐、和人民共命运。

"90后"小伙王天明被称为"青年焊王"，年轻的他获得多项国际顶级焊工赛事的冠军，而这样霸气的名字正是源于他对自己的高标准严要求。日复一日的严格训练和对技术精益求精的态度，让他练就了"灯泡上用焊枪断铁丝"的绝活。双臂上的多处烫伤见证着王天明通往"大国工匠"这条路的艰辛步履，他说："伤疤是焊工最好的徽章。"在这条"拼搏"之路上，王天明的青春与焊花一同闪光。

青年时期的樊锦诗，留着干练的齐耳短发，目光坚定，意气风发。这位上海姑娘在1963年来到黄沙漫卷的敦煌，这里气候恶劣，生活条件艰苦，但她从未动过离开的念头。这一留就是半个世纪，樊锦诗把所有的青春和汗水都洒在了这片古老的土地上，运用数字技术让这座千年壁画容颜永驻，为我国物质文化遗产的保留做出了巨大贡献。这位"莫高窟的守护人"将自己的人生选择和家国命运融为一体，成为当代青年的模范力量。

来自基层的湖南省人大代表谭永峰，大学毕业后毅然回到泸溪大山，因地制宜发展这里的椪柑产业。为了带领乡亲们依靠产业优势脱贫致富，他以合作社的形式让各种植户联合起来；面对村民椪柑栽培技术和果品管理能力的匮乏，他不辞辛苦为村民耐心讲解；这里的大学生、退伍军人和返乡农民工缺乏创业机会，他就搭建相关平台，对他们进行创业培训。谭永峰强调致富要坚决摒弃"等靠要"的心态，要坚持"自主造血"，他希望通过自己的努力让更多拥有知识和本领的青年愿意返乡，扎根家乡，在湘西这片沃土上实现人生价值。

五四运动的重大历史意义决定了其必将成为中华民族复兴史上光辉的一页。忆往昔，有这样一群热血青年在中华民族饱尝"弱国无外交"的残酷现实下挺身而出，唤醒那些沉睡的灵魂，拯救国家和民族于深重苦难。看今朝，更有这样一群青年对着时代"立马昆仑"，在祖国需要的各个领域发光发热，将个人追求融入祖国和社会的发展大潮。倡导"爱国、进步、民主、科学"的五四精神已然流淌在中华民族的血脉之中，并没有随着时间的流逝而消退，更在每一阶段都有着更为丰富的价值表达，成为激励一代又一代青年立足当下，坚定信念，肩负起时代使命的精神良方。百年前，青年们让陷于危难和困苦中的中国看到了一丝曙光；百年后，青年也必将成长为"天将降大任于是人也"的时代新人。

2021年7月1日，青年代表在天安门广场庄严宣誓："请党放心，强国有我。"不论是中国共产党，还是中国共产主义青年团走过的百年风雨征程，都离不开青年的拼搏与奋斗。广大青年应将个人梦想置于实现中华民族伟大复兴的中国梦，向着实现第二个百年奋斗目标阔步前行。五四薪火燃至今日，意味着今天的祖国已将希望寄托在青年身上，当吾辈青年站在一个新的历史起点上，定当以今朝奋发图强的决心，无愧于祖国和人民的信心，回馈社会，报效祖国。新时代中国青年正值两个大局的历史交汇期，面临着与祖国和时代一起成长进步的人生际遇。广大青年当以王天明、樊锦诗、谭永峰等为楷模，树立高远志向，不怕辛苦，不惧磨砺，始终葆有"长风破浪会有时，直挂云帆济沧海"的坚定信念，在新时代奋发有为、建功立业，举青年之力创造出让世界注目的中国奇迹。

2022 年 5 月于西安

高举青春火炬 奋进伟大征程

李左娴

（2019级思想政治教育·卓越教师实验班）

从浙江嘉兴南湖的一条小船走来，中国共产党人走过百年征程，铸就百年辉煌。百年伟大事业，起步于怎样的岁月？百年前的中国，为何能走到今天？新时代的我们，应该如何接好百年征程的"接力棒"？

回溯历史长河，在革命、建设、改革、新时代四个历史时期，一代代青年把实现中华民族伟大复兴作为最高理想而不懈奋斗。翻开风云激荡的红色篇章，有这样一群青年，他们浴血奋战，百折不挠，在新民主主义革命时期绘就绚烂华彩；有这样一群青年，他们自力更生、发愤图强，在社会主义革命和建设时期书写宏伟篇章；有这样一群青年，他们解放思想、锐意进取，在改革开放和社会主义现代化建设新时期谱写恢宏史诗；有这样一群青年，他们自信自强、守正创新，在新时代铸就耀熠辉煌。

一、肩负使命担当，坚定踏路而行

2021年7月1日，庆祝中国共产党成立100周年大会在北京天安门广场隆重举行。习近平总书记在庆祝大会上发表重要讲话，庄严宣告我们实现了第一个百年奋斗目标，中华民族迎来了从站起来、富起来到强起来的伟大飞跃，进入了实现中华民族伟大复兴的历史进程。

心系国家事，肩扛国家责，在一代又一代扛起时代大旗的青年群体中不断印证。百年前，一群青年为那个风雨如晦的时代带来了希望。1921年7月23日，上海法租界望志路106号，一群来自全国各地、平均年龄仅28岁的人聚集在一起，秘密举行中国共产党第一次全国代表大会。一个新的革命火种，就这样在风雨如晦的中国大地上被点燃了。

当年建党建国的英雄伟人，在1921年不过和我们差不多大的年纪。他们中，有出生于1893年的毛泽东，有出生于1898年的周恩来、彭德怀，他们和当时更多前仆后继的青年人一样，为了信仰而不懈奋斗。百年后的我们，更要坚定地接过百年征程的接力棒。习近平总书记指出，广大青年要向英雄学习、向前辈学习、向榜样学习，争做堪当民族复兴重任的时代新人。我们要传承好革命先辈的红色基因，在中国特色社会主义道路上坚定前行。

二、怀揣报国之志，谱写青春赞歌

中华人民共和国成立以后，党领导全国各族人民进行社会主义建设，虽然历经曲折，但是成绩斐然。在祖国建设的关键时刻，一批批青年立下一个个朴素而伟大的心愿，并用一生为之奋斗。

我们感怀于袁隆平院士的"我有一个梦，叫作'禾下乘凉梦'。我们的水稻有高粱那么高，穗子有扫帚那么长，籽粒有花生米那么大，我看着好高兴，坐到稻穗下乘凉"。怀揣着"强农必先强种"的梦想，1956年，26岁的袁隆平开始了农学试验，在之后的日子里创造出了彪炳史册的人间奇迹。

我们同样被当代作家路遥的故事深深吸引。党领导人民艰辛探索，在取得巨大成就的同时，在精神力量上也获得了巨大丰收。青年路遥抛掉《人生》的光环，沉下心来走进《平凡的世界》里。在动笔前，路遥花费了近3年的时间做准备。他走进几万人工作的铜川煤矿，晚上只睡五六个小时。创作期间，路遥会定下每天的任务量，完不成就不休息。"我认为每一个人，不论搞什么事，都可能在自己的行业中干得好，一个人最后的价值不在于干什么。"他撰写的作品鼓舞了亿万农村青年投身于改革开放的伟大建设中。

和青年袁隆平、路遥一样，一批批青年人怀揣报国之志，从未向困难低头，值得我们每个人去学习与领悟蕴藏其中的奋进与执着。

三、勇立时代潮头，建功伟大时代

中国特色社会主义进入新时代，迎来了从站起来、富起来到强起来的伟大飞跃，迎来了实现中华民族伟大复兴的光明前景。但这条路并不平坦，有时需要付出鲜血，甚至生命的代价。

在新时代脱贫攻坚战取得全面胜利的伟大斗争中，就有1800多名同志将生命定格在了这一特殊战场上。这之中有心系百姓，投身百坭村建设，将贫困发生率降至2.71%、因公牺牲的黄文秀；有绝壁凿山路，披荆斩棘改变村庄贫困面貌的毛相林；有毅然回到深度贫困家乡工作，在舟曲泥石流抢险救灾现场一线入党，遍访全县所有贫困户的张小娟……万千青年如斯，传承着我们党的血脉、信念，用生命筑起精神高地。

100年、一个世纪，共产党人从无到有、从星星之火到燎原之势。如果说100年前是他们用信仰点燃了星星之火，那么100年来，是一代又一代共产党人用行动照亮了漫漫征程。百年征程波澜壮阔，百年初心历久弥坚，百年恰是风华正茂，今天，一代代新青年将以奋进之姿在百年答卷中续写新时代的壮阔篇章。

习近平总书记在2021年"七一"讲话中深情指出："未来属于青年，希望寄予青年。""新时代的中国青年要以实现中华民族伟大复兴为己任，增强做中国人的志气、骨气、底气，不负时代，不负韶华，不负党和人民的殷切期望!"

　　成为有志气、有骨气、有底气的新时代新青年,需要我们志存高远、脚踏实地,扬志气,做勇于追梦者;需要我们不惧风雨、不畏险阻,强骨气,做坚韧不拔者;需要我们有抱道不曲,拥书自雄的底气,做勤奋好学者。我们要树立远大志向,从一点一滴做起,把小事当大事干,到祖国最需要的地方去,在实现中国梦的伟大实践中书写绚丽人生华章。

2022 年 6 月于西安

假如你要认识我，请到青年突击队里来

朱 笛

（2020级思想政治教育·卓越教师实验班）

1954年6月，毛泽东曾不无忧虑地说："现在我们能造什么？能造桌子椅子，能造茶碗茶壶，能种粮食，还能磨成面粉，还能造纸，但是，一辆汽车、一架飞机、一辆坦克、一辆拖拉机都不能造。"在这样的生产技术条件下，搭建北京展览馆跨度32米、高22米的工业馆拱顶支模这一工程，难倒了工地上7个木工组，没有一个敢接手这个工作，许多人都认为这是不可能完成的任务。工期紧，任务重，这下该怎么办？

一、急难时刻，青年突击队挑大梁创奇迹

一名苏联专家对工地分团委书记曹建华说："苏联在战争时期为了提高战斗能力和处理急难险重任务，成立了青年骑兵突击队，你们能不能搞一个类似的组织，来带动整个工程。"

曹建华向工地党委提交了这个建议，得到肯定后，他派人从各班组借调业务扎实、踏实能干且乐意加入的青年人，其中唯一的党员胡耀林担任队长，其他17名队员都是团员。曹建华对他们说："你们是工地上的佼佼者，一不唱歌，二不跳舞，最需要你们的就是吃苦精神。"

这支青年突击队成立后，队员们虚心向老师傅和技术人员学习，天亮就干活，天黑才歇工，团小组长徐金弟说："虽然用的工具简单，但是我

们有一股对党和国家的热爱和信念，一个个难关都被我们队员们攻克了！"他们用181个工作日完成了原计划478个工作日的任务，至今被称为奇迹。这支青年突击队是在基层团组织领导下成立的一只旨在完成急、难、新、重任务的铁拳头，它的强大力量就像一股春风，迅速飘向了全国，到1954年底，全国共建立青年突击队650支，队员1.2万人。

为了尽快实现入河泥、填洼地、解旱情的目标，中山县新平乡第九农业生产合作社成立了青年突击队，他们开展劳动竞赛，人人争撑第一船。社员赞道："青年突击队顶呱呱，遇砖石头当蔗渣。落下雨当冲凉，月光当太阳。"1955年，毛泽东亲自为这支青年突击队写下"四最"按语："青年是整个社会力量中的一部分最积极最有生气的力量。他们最肯学习，最少保守思想，在社会主义时代尤其是这样。"这就充分说明我们党是重视青年突击队这股坚实可靠的力量的。

二、伟大时代，青年突击队传精神立前沿

十一届三中全会以后，党的工作重心转移到经济建设上来，为青年突击队的发展开辟了广阔的道路。1981年夏天，北京出现了历史上少有的高热，隋世忠抹灰青年突击队喊出豪迈的"没困难还要咱突击队干什么"，他们每天坚持在几十米高的脚手架上工作10多个小时。三幢需要抹灰的楼先后用了31天、20天、18天，事半功倍地完成了原定近7个月的工作任务，创出质量全优的好成绩。这支20世纪80年代建立的青年突击队，树立和发扬以建设祖国为己任的主人翁精神、勇挑重担的实干精神、开拓进取的创新精神，用劳动奋斗担当建设祖国的责任，成为全国的一面红旗。1981年，《中国青年报》发表社论《我为祖国中兴做了什么——隋世忠青年突击队给人们的启示》。从此，青年突击队成为一个令人羡慕的光荣称号。

68年来，青年突击队始终奋斗在共和国建设的第一线，他们这种"艰苦创业，崇尚实干，善于学习，锐意创新，拼搏奉献，争创一流"的精神在他们事迹的映照下历久弥新。如国务院新闻办公室2022年4月发表的《新时代的中国青年》白皮书所讲："在体现综合国力、弘扬民族志气的重大工程之中，在抗击重大自然灾害面前，在应对突发公共危机时刻，青年的身影始终挺立在最前沿。"

冬奥会中，"冬奥保障青年突击队"滚动巡查网络传输线路，"中国雪蜡车研发青年突击队"从零开始自主研发了首台国产雪蜡车。在防汛一线的暴雨中，消防救援支队14名队员主动请命："请让我们上！"累计1400余支青年突击队投入抗洪救灾的第一线。2022年，内蒙古大兴安岭航空护林局特勤突击队队员柴瑞喜荣获"全国优秀共青团员"称号，他立足本职工作，以学备战、以练为战，25小时辗转三个火场、扑打火线400米，开辟机降场地近1800平方米，充分发挥了航空特勤突击队尖刀班作用。这些事实证明，中国青年面对困难挫折撑得住、关键时刻顶得住、风险挑战扛得住。

三、未来征程，共青团员当担使命创佳绩

时代各有不同，青春一脉相承。就像习近平总书记寄语的那样，青年突击队"用青春的能动力和创造力激荡起民族复兴的澎湃春潮"。这些薪火相传的青年们，以青春之我的行动，彰显出共青团员的身份象征：党旗所指、团旗所向、坚守理想、爱国爱党、倾情奉献、本领过硬、紧密团结、品德高尚。这些精神品格正是新时代共青团员所应有的指向标。

我们要在读马列经典中思考马克思主义基本原理，在丈量祖国大地的实践中坚定前进信心，做理想远大、信念坚定的模范；要在平时勤学善问，把所知所学转化为创新创业的"独门绝技"，做刻苦学习、锐意

创新的模范；要保持"初生牛犊不怕虎，越是艰险越向前"的果敢坚毅，做敢于斗争、善于斗争的模范；要踊跃投身志愿服务、积极参加三下乡社会实践，做艰苦奋斗、无私奉献的模范；要自觉遵守法律法规、认真学习和履行团员义务，做崇德向善、严守纪律的模范。

我们每个人走好自己的长征路，一代代汇聚起来就是民族国家的远征。让我们在急、难、险、重、新任务面前挺身而出，踊跃加入党员团员先锋岗、青年志愿服务队这些与青年突击队性质相同的队伍中，践行"请党放心、强国有我"的青春誓言，在我们的长征路和国家的远征路上跑出更好的成绩！

2022 年 5 月于西安

生逢盛世正青春　勇挑重担向世界

曹蕊影

（2020级思想政治教育·一班）

百年苦难辉煌，踏过烟云万千重。百年来的风雨兼程，让那个曾经饱受屈辱、久经磨难的中国一步步向着世界舞台的中央前进。新时代的中国青年，正所谓生逢其时，重任在肩，然而，作为国家乃至世界的未来，你是否在满怀希冀的同时，彷徨又焦急，脑海中总是有许多美好的想象，却常常因为各种原因致使自己踌躇不前、梦想搁浅？新时代的中国青年，你，准备好了吗？

一、青春须早为，岂能长少年

陈独秀曾在《新青年》发刊词中写道："青年如初春，如朝日，如百卉之萌动，如利刃之新发于硎。"百年前，一群平均年龄只有28岁的青年人在风雨飘摇的局势中奔走呼号，探寻中华民族的出路；如今，新一代中国青年有理想、有本领、有担当，把青春奋斗融入党和人民事业当中，努力成为实现中华民族伟大复兴的先锋力量。

以脱贫攻坚事业为例，千千万万奋战在一线的青年第一书记和驻村干部，在扶贫过程中饱受历练，在艰苦实干中奉献青春，为脱贫攻坚和乡村振兴提供强劲助力。截至2021年，参与基层支教、支农、支医和帮扶乡村振兴的"三支一扶"人员多达47万名，参与"三下乡"社会实践活动的青年学生更是高达数百万人。

在我们身边也有这样的鲜活例证。我校于 2020 年暑假组织开展的以"小我融入大我，青春献给祖国""助力脱贫攻坚，投身强国伟业"为主题的社会实践活动中，309 支实践团队，共 5000 余名实践队员的足迹遍布甘肃、云南、重庆、江西、福建、陕西、新疆等 28 个省、市、自治区。他们有的前往河南省洛阳市嵩县，走访思源实验学校经济特困学生家庭，了解贫困学生学习、生活和思想状况，切身感受基层学生资助和教育帮扶的方式和理念；有的去往陕西省商洛市丹凤县、洛南县等地，深入村镇宣讲食品营养科普知识；有的奔赴山西晋城，围绕民生问题展开乡村田野调查，了解当地健康、疾病和医疗问题的现状。在社会实践活动中，同学们走进乡村，深入田野，面对面接触村干部、街边老人、田间孩童，贴近群众，将所学知识扎根于土壤。这生动体现了作为一名大学生，我们也能够为脱贫攻坚事业贡献一份力所能及的力量。

如今，越来越多的青年人在脱贫攻坚的舞台上贡献自己的力量，越来越多的青年人选择扎根基层，为国家乃至世界的减贫事业无声奉献。他们用青春谱写出具有中国特色的减贫道路，为世界减贫事业的发展贡献中国智慧与方案，用自己的行动向世界展现新时代中国青年的担当。

二、白日不到处，青春恰自来

2022 年北京冬奥会上，中国"00 后"健儿在赛场上大展英姿，取得骄人成绩，无数国人为之欢呼喝彩。中国"千禧一代"朝气蓬勃、意气风发的青春风采，举世赞叹。在他们身上，我们看到新时代中国青年正在更加开放自信地融入世界。

赛场外，数万名青年志愿者如一朵朵"小雪花"凝聚在一起，组成了北京冬奥会庞大的志愿者队伍、工作人员以及后勤保障团队，他们的饱满热情、周到服务，无不向世界传递着中国作为东道主的胸怀与姿态，展现着中国青年的风采。在这里，青年志愿者与各国青年运动员一起，用笑容驱散寒冷、用拥抱传递温暖、用心灵汇聚力量，超越了语言的障碍和文化的差异，以青春特有的方式，共同搭建起"一起向未来"的桥梁。

不仅在体育方面，其他国际性青年组织中，如联合国教科文组织青年论坛、亚洲青年理事会等，中国青年都在积极讲述中国故事，主动参与到全球青年的事务治理当中，踊跃交流互动，促进合作共赢。

面对日益增多的全球性问题与挑战，青年作为最活跃、最富于创新意识的有生力量，毋庸置疑地站在这个时代的前沿。今天的世界比以往任何时候都呼唤青年肩负起时代的重任。我们谁也无法违抗寒来暑往、春秋代序的时间规律，在时间长河中，或许我们难以留下浓墨重彩的印迹，但"苔花如米小，也学牡丹开"，即使默默无闻渺小如斯，青春依旧萌动着，欣欣向荣。

三、数风流人物，还看今朝

1916年，27岁的李大钊在《青春》一文中写下振聋发聩的誓言，"以青春之我，创建青春之家庭，青春之国家，青春之民族，青春之人类，青春之地球，青春之宇宙，资以乐其无涯之生"。他坚毅的文字就像黑暗中的一束光，照亮黑暗的中国，照亮中国青年的爱国心。100多年过去了，中国已经不是那个风雨如晦、摇摇欲坠的中国了。今天，中国特色社会主义进入新时代，我国已逐渐走向世界舞台的中央。同样，我们也期待着百年前那改天换地般的青春伟力、青春精神能够在世界大舞台上尽情绽放与发展。

事实证明，新时代的中国青年也正是如此，他们不仅心有家国情怀，也有人类关怀。在推动共建"一带一路"的平台上，中国青年勇敢直面际遇和机缘，担当责任与荣光。

在麦麦高铁沿线，青年沙漠筑路者让世界看见中国力量。年轻的建设者们远离家乡奔赴沙特，克服酷暑天气、大漠风沙、淡水稀少、项目体量大难度高等挑战，在茫茫大漠和千沟万壑间挥洒他们的青春汗水，最终建成麦麦高铁这条沙特第一条双线电气化高速铁路，同时也是世界上横穿沙漠时速最快的铁路，向世界展现了中国智慧和中国速度。中国青年建设者的青春力量，不仅体现在沙特麦麦高铁，在巴基斯坦卡西姆电站、在克罗地亚佩列沙茨大桥、在"一带一路"共建国家的许多基础设施建设项目中，都不乏中国青年的身影，他们凭借专业知识和技能，在项目规划、设计、施工等各个环节发挥着重要作用，积极推动共建国家发展，用他们的行动诠释着青春的意义与价值。

　　正如习近平总书记所言："青年是国家的未来，也是世界的未来。"时代将历史重任赋予青年，尽管岁月几经变迁，拥有无穷力量的青春担当始终未曾改变。随着中国开放的大门越开越大，新时代的中国青年正以前所未有的深度和广度认识世界、融入世界，在国际舞台上充分展现泱泱华夏青年的气度与格局、责任与担当。我们生逢盛世，当不负盛世。在青春年华里，愿你我能够把握住瞬间的积淀，感念岁月的馈赠，将前行的力量凝聚在时间的河床上，与时代和世界一同向阳生长。

2022 年 5 月于西安

百年青春赓续伟大梦想　当代青年发扬先辈荣光

宋欣谕

（2021级思想政治教育·卓越教师实验班）

100年前，时代之舟风雨飘摇，我们的共青团应时代之需、应国家之需、应党之需而诞生。百年团史，正是我们中国青年百年来为祖国与人民的希望而不懈奋斗、甘于奉献的历史。将青春之行献给团的百岁华诞，让青春之歌唱出团的百年辉煌，这就是中国共产主义青年团的百年荣光。

一、百年团史，团组织同频时代发展不止

十月革命一声炮响，为中国革命带来了新的前途与希望；赵家楼前的一束炬火，为中国青年点燃了思想与行动的光。新的时代已然来临，中国先进青年的红色青春即将奏响最激昂的乐章。

1921年7月，中国共产党成立。时值代表中国共产党出席共产国际三大和青年共产国际二大的张太雷从莫斯科归来，他带回了青年共产国际关于建立中国青年团组织的指示。中共中央局随即决定由张太雷等人主持正式建立青年团的工作。1922年5月5日，中国社会主义青年团第一次全国代表大会在广州隆重开幕，至此，中国的青年团组织正式建立起来，青年团一经成立，便带领广大团员与青年积极投身革命斗争。

时间进入到社会主义革命和建设时期。抗美援朝战争爆发后，团组织为抗美援朝战场输送了大量青年志愿军，他们在异国他乡英勇斗争，为身后的祖国献出了自己年轻的生命。为完成三大改造的新任务，为坚持党在

过渡时期的总路线，共青团向广大青年提出"把青春献给祖国"的口号。到农村去，到边疆去，到祖国最需要的地方去，在团组织的号召下，广大青年将一片片荒地开垦成祖国的沃土，组建应急工作青年突击队、组织青年团员建立青年扫盲队……在社会主义建设的方方面面，都有共青团组织的身影。党的红旗在哪里飘扬，团的事业就在哪里扎根。

而在新世纪开启全面建设小康社会和构建社会主义和谐社会的进程中，共青团组织也积极引导广大团员青年发挥生力军和突击队作用，在促进经济又好又快发展中做出了新的贡献。进入新时代以来，在以习近平同志为核心的党中央坚强领导下，党和国家事业取得历史性成就，发生历史性变革。新征程上，共青团的前进方向也更加明确——为把青年一代紧密地团结在党的周围，使他们在全面建设社会主义现代化国家的火热实践中，锻炼成为中国特色社会主义事业和共产主义事业的可靠接班人而不懈奋斗。

二、百年团史，先进团员献身祖国勇立潮头

回首百年，我们应该从广大先进青年的事迹中学习，学习他们勇立时代潮头、献身祖国的担当。而他们之所以能成就伟大的事业，实现人生的价值，就是因为在党的领导下、在团的教育下，他们响应时代号召、回应国家需要，用爱国主义情怀将自己的青春故事书写在祖国发展的壮阔篇章之上。

1922年1月13日，湖南第一纱厂工人发动大罢工，遭到反动军阀政府的残酷镇压。1月16日夜，北洋军阀派兵包围湖南劳工会，逮捕了黄爱和庞人铨，将黄爱和庞人铨在长沙浏阳门外杀害。而黄爱在被砍三刀后仍奋力高喊："大牺牲，大成功！"中国社会主义青年团为此专门发表《为黄、庞被害事对中国无产阶级宣言》。革命年代，像黄爱、庞人铨这样为民族独立事业奉献一切的青年，还有许多许多。

中华人民共和国成立后，如何改变旧社会千疮百孔的经济状况，恢

复经济、改善民生，成了党和国家新的社会课题。广大团员和青年在团组织的带领下，忘我地工作在自己的岗位上，做出了突出的贡献。郝建秀家庭条件不好，一家全靠父亲微薄的收入支撑，她果断报名青岛国棉六厂。看似瘦小柔弱的她，却不怕苦、不怕累，刻苦钻研生产技术，16岁时便获得"劳模"称号。而她在长期的工作中也创造了一套细纱工作法，运用这个方法，不仅可以使产品质量大幅度提高，还可以为国家多生产4.4万余件棉纱，相当于400万人1年用布的原料纱。郝建秀的事迹受到党和政府重视，1951年10月团中央授予她"模范青年团员"称号。刻苦工作、扎实创新，在党领导的建设社会主义的伟大事业中，哪里有需要，哪里就有青年团员拼搏的汗水与不懈奋斗。

三、百年团史，当代青年展望未来继续前行

中国共产主义青年团，是中国共产党缔造并领导的一个具有光荣历史和革命传统的先进青年的群团组织，是广大青年在实践中领悟并学习共产主义理论的学校，是中国共产党的助手和后备军。广大青年团员须从历史手中接过接力棒，为党、为民族、为国家事业的新发展贡献出自己的力量。

在共青团十八大公布的代表名单中，我们可以看到一个熟悉的名字，她就是希望工程"大眼睛"女孩苏明娟。在团中央主持的希望工程的帮助下，苏明娟成功完成学业。参加工作后，她每年都会花1000元资助贫困生，从未间断。苏明娟曾表示："我们这批受到希望工程资助的孩子是非常幸运的，所以我们必须感恩，并尽自己的能力回馈社会，多做一些好事，帮助其他需要帮助的人。"现在，苏明娟当选共青团安徽省委副书记，无行政级别，不领取报酬，继续为青年团工作做出贡献。心怀感恩、感激时代、回报时代，正是以苏明娟为代表的团员、团干群体的突出精神特质。

"青年一代不怕苦、不畏难、不惧牺牲，用臂膀扛起如山的责任，展现出青春激昂的风采，展现出中华民族的希望！让我们一起为他们点赞！"广大团员青年敢发声、勇出鞘，在国家最需要、人民最需要的地方贡献自己的力量。脱贫攻坚的战斗里，有广大青年的汗水；科学研究的探讨中，有广大青年的声音；抗击疫情的一线上，有广大青年的身影。优秀是旗帜，是成长与前进的方向；榜样是力量，是攻坚克难的精神支柱。作为新时代的青年，我们更应该以实际行动，在时代浪潮中展现自己。

五四的火炬，燃尽了历史的屈辱；壮丽的事业，召唤我们继往开来！实现中华民族的伟大复兴，吾辈青年定当肩担重任，定要脚有方向，定会心有力量。党的嘱托言犹在耳，团的旗帜飘扬前方，我们青年人更应明确自己的使命担当，在党和团的指引下发展自我，为祖国建设贡献出自己的一份力量。

2022 年 5 月于西安

跨越时空的青春之歌

丛镜烨

(2021级思想政治教育·卓越教师实验班)

梁启超在《少年中国说》中说:"老年人常思既往,少年人常思将来。"年轻的我们,都曾对未来做过这样或那样的设想,有激情,有理想,也有迷茫。青春的故事,各有不同;青春的方向,一脉相承。

他曾是充满英雄主义幻想的少年,也曾对无政府主义满怀期许,然而在实践的挫折和反复比较之后,他最终认定了马克思主义,并为之奋斗终身。这是一位革命先辈奋斗故事的写实。他就是中国第一个地方青年团组织的书记——俞秀松。

豪情万丈少年时,当为东西南北人。俞秀松,字柏青,其父寓意其能够像松柏一样高洁、挺拔、坚韧。从名字中,我们就能感受到一位父亲对孩子的殷切期望。俞秀松从小就受进步正直的家庭教育影响,具有强烈的正义感和浓厚的爱国情怀。在半殖民地半封建的中国成长起来,他对时局深深忧虑,对国家满怀深情。他在少年时的一篇作文《愚公移山论》中这样写道:"中国少年岂不及愚公之毅力,若人人有愚公之毅力,则中国何患不强乎?虽强大之国,吾何畏彼哉?"在日记中,少年俞秀松又留下了他的青春理想:"要做一个有利于国、有利于民的'东西南北人'。"

少年俞秀松的爱国情、强国志和厚重的家国情怀,溢于言表。

转折:同无政府主义的相遇与再见。新文化运动推动了各种思潮在中国涌流,无政府主义是其中重要的一支。五四前后,无政府主义思潮在中国蔚然成风。俞秀松参与领导了杭州的学生运动，受反动当局压迫，离开了原来求学的浙江一师，前往北京参加工读互助团。在一段时间内，俞秀松十分认同并推崇无政府主义所宣扬的平等自由思想，但在当时的社会环境下，学员们靠劳动得到的那一点微薄的工资，难以维持生活。作为一种社会理想来试验和推动的含有空想性质的工读互助团，三个月后即告失败。在现实的挫折和教训中，俞秀松逐渐认识到要从根本上救中国，必须抛弃不切实际的无政府主义。此后，俞秀松逐渐走上马克思主义道路，成为一个真正的马克思主义者。

道路：愈加坚定的马克思主义者。1920年，工读互助失败后，俞秀松便投身劳动界，来到工人阶级力量最强大，也是阶级斗争情况最复杂的上海。他一面到工厂做工，一面给工人讲课，宣传革命道理，探索改造社会的实践，并在与工人的朝夕相处中自觉地接受了马克思主义，坚定了革命的信念。

俞秀松就是上海共产主义小组最早的五个发起人之一，参与了党纲的起草，是陈独秀的重要助手。时年21岁的俞秀松虽然年轻，却承担起筹建社会主义青年团的重任，他主持的上海社会主义青年团所取得的进展和成绩，引起了少共国际的关注和赞许。此后，俞秀松的全部时间和精力都投入到为党的事业而奋斗当中去，直到生命的最后。

国运多艰，风云激荡，俞秀松的故事是一代中国青年奋斗成长的缩影。他们从时代的困局中突围，以青年之名，在风浪波折中锤炼自我，在历史前进的道路上留下了自己的青春足迹。

青年是整个社会中最积极、最有生气的力量。100年后的今天，新时代的中国青年在前辈走过的路上，再开新路，再起新篇，再创辉煌；在这片辽阔的大地上，在科技攻关、脱贫攻坚、创业创新等方方面面，处处都有青年人跃动的身影。

万众瞩目的北京冬奥会开幕式上，一名护旗手仰望着国旗升起，他目光坚定，神情庄重，"一滴滑落脸颊的热泪，是我所有的骄傲与热爱"。

北京冬奥会上，我们既有武大靖、任子威等奥运健儿在赛场奋勇拼搏，为国争光，还有超过1.4万名师生以饱满热情、高昂斗志投入志愿服务工作。一场精彩、卓越、非凡的冬奥会，青年人在各自的舞台贡献了激昂的青春力量。永远相信拼搏的力量，这是全体北京冬奥人共同的心声，也展现了当代中国青年的自信和风采。

在科技攻关岗位奋力攀登，在抢险救灾前线冲锋陷阵，在奥运竞技赛场奋勇争先，青年在党和人民最需要的时刻冲得出去、顶得上来，展现出自信自强、刚健有为的精神风貌。"清澈的爱，只为中国"，成为当代中国青年发自内心的最强音。无论是百年前，还是百年后，青年人始终选择在为国家和人民奉献中成就自我，用奋斗诠释青春的底色。世纪风云，青春激荡。"我要什么样的人生？"中国青年的答案，始终如一。

青年理想远大，信念坚定，是一个国家、一个民族无坚不摧的前进动力。追求进步是青年最宝贵的品质，也是党和人民的殷切希望。马克思17岁时在《青年在选择职业时的考虑》中就阐明了选择"最能为人类福利而劳动的职业"，把奋斗的事业同千百万人的幸福联系起来的伟大志向。习近平总书记深刻指出："无数人生成功的事实表明，青年时代，选择吃苦也就选择了收获，选择奉献也就选择了高尚。""只有进行了激情奋斗的青春，只有进行了顽强拼搏的青春，只有为人民作出了奉献的青春，才会留下充实、温暖、持久、无悔的青春回忆。"千帆竞发浪潮涌，百舸争流正逢时。新时代的我们，当在新时代的浩浩大潮中踏浪前行，不负青春，奋发有为！

2022年5月于西安

从"北京明白!"到"青年明白!"
——做有理想的新时代好青年

宋欣谕
（2021级思想政治教育·卓越教师实验班）

2023年7月20日21时40分，经过约8小时的出舱活动，神舟十六号航天员景海鹏、朱杨柱、桂海潮密切协同，在空间站机械臂支持下，圆满完成出舱活动全部既定任务，出舱活动取得圆满成功。从天宫、北斗、嫦娥到天和、天问、羲和……党的十八大以来，以习近平同志为核心的党中央高度重视、关心航天事业发展，提出建设航天强国宏伟目标。一次次壮丽的飞行，在通往太空的征途中描绘出最美的中国航迹。这航迹背后，离不开一批又一批勇于"挑大梁、担重任"的航天青年。

在神舟十二号任务直播中，北京航天飞行控制中心的一位帅小伙、青年航天人高健，也因为清晰的一句口令——"北京明白"，火到了全国人民的心里。在党的二十大报告中，习近平总书记深情寄语我们广大青年："立志做有理想、敢担当、能吃苦、肯奋斗的新时代好青年。"从高健追梦星空的成长故事，从这一句"北京明白"的口令中，我们感受到新时代好青年将如何明白自己的理想与担当。

2003年，神舟五号载着航天英雄杨利伟飞向太空。当时，还在读小学的高健正在和全班同学一起观看直播。在多年后的采访中，当回忆起让他深感震撼的飞船升空一幕时，高健说："一颗向往航天的种子，那个时候一定是埋下了。"

"每个人都有理想和追求，都有自己的梦想。"想要拥有触碰星星的机会，就成了高健的理想。那么，究竟什么是理想？我们怎样才会拥有理想？请大家一起穿越回20年前：你正在和全班同学、全国人民一起屏息凝神，你看着飞船起飞、看着太空中第一次出现中国红、看着我们的千年航天梦终于在你的见证下实现，你的心情是什么呢？我想，是极大的触动——为每一个航天人夜以继日的努力终于开花结果而触动、为我们中国终于实现了飞天梦而触动。当你第一次将个人的触动与国家、民族的命运相连，理想的种子就已经在你的心里埋下了。我们的民族梦、中国梦，也正是由无数个人的梦组成的，中国梦是国家的、民族的，也是每一个中国人的。当我们每一个人都有了自己的星星，有了自己的梦与理想，中国梦的星空就会更加璀璨。

2013年，神舟十号载着王亚平等3名航天员在内蒙古着陆。刚刚结束高考的高健看着电视里的直播画面，自豪又苦闷。因为他刚刚与从事航天事业的理想大学失之交臂。

"坚定理想信念，必先知之而后信之，信之而后行之。"高健想要成为追星星的人，就要为此承受挫折、付出努力。我们又该怎样看待追求理想时所面对的困难呢？我们都经历了多年的寒窗苦读，取得一次理想的成绩，它是容易的吗？当然不是。它需要一次次地修改错题、一次次地披星戴月，一次次地迎着寒冬酷暑。我们可能也会迷茫，也会在挫折中退缩，但是我们没有放弃——所以我们通过一次次月考、统考、期末考，将成绩一点一点提高，才能坐在今天这个教室里，也才有可能在今后走向更远的地方。我们为什么可以坚持下来？那是因为我们有自己的理想。高健也是如此，他虽然苦闷过，但他已经拥有了愿意为之奋斗的理想，便不会放弃。

在大学学习中，他付出了加倍的努力与汗水，最终成功进入北京航天飞行控制中心。所谓理想的作用，正是让我们可以不畏困难、坚定信念，向自己的目标勇毅前行。只要天上的星星永远在我们的心中，追逐理想的路就会永远在我们脚下。嫦娥探月、天问探火、羲和逐日……追梦的过程就是一步步走近理想的征途。我们总会点亮梦想的星星，今天我们遇到的每一道题，每一本书，生活中的苦与累，路上的石头与风雪，都会变成闪闪的星光。

2021年，又是近10年过去，神舟十二号任务直播中一句"北京明白"，让作为北京总调度的高健走红网络。而在不久后的"天地通话"中，细心的网友发现，坐在高健右边的正是曾经负责神舟八号调度任务的北京总调度杨彦波。逐梦太空的理想经过一代代人的努力，历史的接力棒已经交到了高健这一代人的手中。

"当代中国青年生逢其时，施展才干的舞台无比广阔，实现梦想的前景无比光明。"守护好天上的每一颗星星，成了高健这一代航天人面向未来的使命与担当。我们该怎样认识我们的理想与未来的关系？从"公输子削竹木以为鹊，成而飞之"到万户自制火箭"以命探苍穹"，这是古人逐梦太空未曾实现的理想，时至今日，我们终于得以实现。我们是何其幸运的一代。今天，我们比历史上任何时期都更接近中华民族的伟大复兴，比历史上任何时期都更有信心、有能力实现这个目标。让我们朝着理想接续奋斗吧！在党的二十大代表通道上，航天英雄王亚平说："如今，第一批听我太空授课的孩子们，有很多已经成为我航天战线上的队友。"我们见证了上一代人理想的实现，而我们所要实现的理想，正是祖国的未来，我们将会守护好未来的星光。那一句"北京明白"，更是我们青年人对自己责任的"明白"！

从"北京明白"的故事出发，大家是否也明白了我们青年人应该怎样做一个有理想的新时代好青年？在一次采访中，有人问高健："为什么在任务中要一直重复'北京明白'这四个字呢？"他回答道："回答'北京明白'意思有两个，一是我听清楚了，二是我们知道下一步该怎么来组织任务。"习近平总书记勉励我们："未来的竞争是年轻人的竞争，今天的年轻人是实现第二个百年奋斗目标的骨干和栋梁。"我们当代青年生逢盛世，当心怀理想信念，不负盛世，做有理想的新时代好青年。

2023 年 11 月于西安

时代各有不同　担当一脉相承
——做敢担当的新时代好青年

| 胡琼月
（2022级思想政治教育专业硕士研究生）

  2022年10月16日，习近平总书记在党的二十大上勉励广大青年要立志做有理想、敢担当、能吃苦、肯奋斗的新时代好青年。作为青年学生，我们应当如何学习理解"敢担当"这三个字的深刻内涵？

  在杭州建德，有一群不一样的"逆行者"——"80后"青年郎学渊放弃大城市工作返乡创业，搞工厂化育秧，用无人机插秧，创新发展粮食经济，推动乡村振兴。"90后"女孩王运回乡当村干部，开农业公司，发展智慧农业，用创新思维带领村民科技种粮，让种田不再靠天吃饭……从城市到农村，两个人全身心投入农业，找到了人生新赛道。不过他们没有想到，自己返乡创业的故事有一天会被搬上荧幕。

  在热播剧《我们这十年·心之所向》中，主创团队将王运、郎学渊等几位年轻农创客的故事搬上荧幕，塑造了一群扎根泥土的可爱群众和领导干部形象，刻画他们在农业发展、粮食增收、乡村振兴道路上"关关难过关关过"的奋斗历程，提交了一份践行"两山"理论的时代答卷，谱写了一曲投身"乡村振兴"的青春之歌。

  "乡村振兴、共富有我、请党放心。"这是王运和郎学渊这群年轻农创客的故事，也是千千万万中国青年勇担时代使命的故事。正如习近平总书记所说："新时代的中国青年是好样的，是堪当大任的！"他们不畏难、不惧苦，危难之中显精神，关键时刻见真章，总是能够在祖国和人民需要的时候挺身而出，自觉扛起责任，无私奉献，无畏向前，充分彰显了青年一代应有的闯劲、锐气和担当。

那么，敢担当的新时代好青年应该是什么样子？我们可以在革命先辈用青春和生命换来的和平盛世中寻找答案。

在安徽合肥有一条"延乔路"，是为纪念革命烈士陈延年、陈乔年而命名的，路的尽头是"繁华大道"。2021年7月1日，在中国共产党成立100周年的日子里，合肥"延乔路"的路牌下，市民们自发前来默默留下花束，花束中夹着的卡片上，一笔一画、一字一句，写满了对先烈的缅怀之情。

怀着沉重的心情走完"延乔路"，让我们再把时间轴调回到1927年7月4日。那一天，敌人将陈延年秘密押赴刑场，他拖着沉重的脚镣，走出了一条血路。刽子手喝令陈延年跪下，他却高声回应："革命者光明磊落、视死如归，只有站着死，决不跪下！"最后，他竟被刽子手按在地上以乱刀残忍地杀害，牺牲时年仅29岁。

历史的发展告诉我们，任何一代青年都是伟大"担当者"，他们同时代同频共振，与国家和人民一起前行。敢担当的新时代好青年应该是什么样子？我们还可以在新时代10年的伟大实践中寻找答案。

反贫困、建小康、斗洪峰、战台风……新时代10年以来，在体现综合国力、弘扬民族志气的重大工程之中，在抗击重大自然灾害面前，在应对突发公共危机时刻，青年的身影始终挺立在最前沿。

在打赢脱贫攻坚战的过程中，涌现了许多像黄文秀那样用生命坚守初心和使命的优秀青年共产党员，谱写了新时代的青春之歌。截至2021年，47万名"三支一扶"人员参加基层支教、支农、支医和帮扶乡村振兴（扶贫），数百万青年学生参与"三下乡"社会实践活动，为脱贫攻坚和乡村振兴提供新助力。

在新时代10年的伟大实践中,中国青年担当使命、施展抱负,在各自不同的领域发光发热,汇聚成炬,共同照亮时代发展前行的道路。他们是披星戴月、不辞劳苦的扶贫干部,是矢志创新、勇攀高峰的科研工作者,是走街串巷、不停奔忙的快递小哥……我仿佛和他们都有过一面之缘,在电视里、在报纸上、在身边,更在我心里。

10年砥砺奋进,历史的如椽巨笔绘写壮美画卷,向上向前的力量在我泱泱大国每一寸生机勃勃的土地蕴藏。"初生牛犊不怕虎,越是艰险越向前。"敢于在实现中华民族伟大复兴的新征程上迎难而上、挺身而出、勇立时代潮头、勇担时代重任、勇做时代先锋,这才是新时代的好青年应有的精神风貌。

敢担当的新时代好青年应该是什么样子?我们还可以在以中国式现代化推进中华民族伟大复兴这一新征程的战略蓝图中寻找答案。

"中国式现代化是中国共产党和中国人民长期实践探索的成果,是一项伟大而艰巨的事业。惟其艰巨,所以伟大;惟其艰巨,更显荣光。"综观人类历史,一个国家积贫积弱之时与发展振兴之时,往往是面临压力最大的时期。正如"奋进新时代"主题成就展上那一艘"奇迹号"中国巨轮模型,吸引着众多参观者的目光。伟大而艰巨的事业,总是在接续奋斗中前进。习近平总书记在中国人民大学考察调研时勉励广大青年"用脚步丈量祖国大地,用眼睛发现中国精神,用耳朵倾听人民呼声,用内心感应时代脉搏"。当前最重要的任务,就是撸起袖子加油干,一步一个脚印把党的二十大做出的重大决策部署付诸行动、见之于成效。当此之时,中国青年尤须胸怀"国之大者",担当使命任务,在新时代的广阔天地中施展抱负、建功立业、大有作为。

把对祖国血浓于水、与人民同呼吸共命运的情感贯穿学业全过程、融汇在事业追求中，把对美好生活的向往、对人生出彩的渴望，深深熔铸到同心共筑中国梦的伟大历史征途之中，这是习近平总书记对新时代中国青年的殷切希望，更应该成为我们踔厉奋发、勇毅前行的人生航向。

　　回首过去，展望未来，新时代的中国青年生逢其时，施展才干的舞台无比广阔，实现梦想的前景无比光明。浩渺行无极，扬帆但信风。今天，我们比历史上任何时期都更接近、更有信心和能力实现中华民族伟大复兴的目标。同时，我们也必须准备付出更为艰巨、更为艰苦的努力。我们更应该坚定不移听党话、跟党走，怀抱梦想又脚踏实地，敢想敢为又善作善成，立志做有理想、敢担当、能吃苦、肯奋斗的新时代好青年，让青春在全面建设社会主义现代化国家的火热实践中绽放绚丽之花。

2022 年 11 月于西安

艰难困苦　玉汝于成
——做能吃苦的新时代好青年

赵梓涵
（2021级马克思主义基本原理专业硕士研究生）

在党的二十大报告中，习近平总书记寄语广大青年："要坚定不移听党话、跟党走，怀抱梦想又脚踏实地，敢想敢为又善作善成，立志做有理想、敢担当、能吃苦、肯奋斗的新时代好青年，让青春在全面建设社会主义现代化国家的火热实践中绽放绚丽之花。"可见"能吃苦"对于我们新时代好青年来说非常重要。

一、新时代好青年为何要吃苦

大家可以观察，我们身边那些拥有"开挂"人生的人，绝不是只凭借着优渥的家庭、天赋好、运气佳就走上人生巅峰的，他们都是能吃苦的人。

能吃苦是扬理想之帆的长风。同学们一定都有自己仰望的星空，但是仅有理想还不够，我们敢想还要敢做。大家平日里是不是抱怨过"生活好苦，学习好累"，我跟大家一样也吐槽过，但同时我们却又深知，要想取得好成绩，就要吃得了学习的苦。大家不妨想一想自己从高中到大学的过程，不正是我们写过的一张张卷子、做过的一道道题、背过的一篇篇课文铺就的吗？正是我们过去吃的这些苦，才推动我们的理想之帆前行，我们才能在这里相遇。现在的我们应该感谢当时那个吃苦的自己，因为是他把你送到了远方。

能吃苦是敢担当的"磨刀石"。在内外复杂的环境下，一代人要有一代人的担当，而我们要担当的是在高处"爬坡过坎、更上层级"的民族复兴使命。这绝不是嘴上说敢担当心里却想着坐享其成就可以的，更不是思想上是个"明白人"，但关键时刻冲不上去、危难关头豁不出去。作为新时代的大学生，我们只有扛起自己的责任，顶住前进路上的压力，真的能吃苦，才能说我们是真的敢担当的一代人。

能吃苦是奋斗的题中之义。奋斗是青春最亮丽的底色，肯奋斗才能赢得闪光的青春。网上有一种声音认为"'年轻人，就是要多吃苦'，这是我听过最大的谎言"。事实果真如此吗？我想不管是对徐梦桃还是对我们每个人来说，也许苦难本身并不值得称颂，但如果我们能从对抗它的过程中磨炼心智，积累破解人生难题的勇气和智慧，那吃苦就有了价值，因为我们在能吃苦中学会了扎根，为奋斗积蓄了力量。

二、新时代好青年要吃什么样的苦

作为一个"追星女孩"，我想这个问题的答案可以从我追的"星"中去寻找。她是党的二十大代表、是《感动中国》2022年度人物，是去年北京冬奥会上创造历史的奥运冠军——徐梦桃。2018年平昌冬奥会，她哭着笑自己："没有人比我摔得更惨了。"比赛的时候她腿上打着钢钉，比赛结束她又躺在了手术台上。那一次，人们都认为她失去了离金牌最近的机会。但去年的北京冬奥会，她又回来了，这是31岁老将徐梦桃第四次出战冬奥。青春有几个4年呢？尤其是空中技巧女运动员又有几个4年呢？在过去10年间，徐梦桃克服了常人难以忍受的痛苦，在无数次眼泪后又一次次咬紧牙关，才赢得了场上10秒的高光时刻。可见，众多美好的事物正是在与苦难的对抗中获得了价值。徐梦桃的冰雪传奇向我们生动诠释了"艰难困苦，玉汝于成"。我们从她的故事中看到，苦既是对环境、形势、局面的一种描述，更是对人意志品质的一种检验。

2023年五四青年节前夕，在给中国农业大学科技小院同学们的回信中，对于来信中提到的"青年人就要'自找苦吃'"，习近平总书记指出：

"说得很好，新时代中国青年就应该有这股精气神。"随着中国特色社会主义进入新时代，尤其是我们打赢了脱贫攻坚战，不用再为温饱等问题发愁，所以我们现在要吃的苦和父辈们所受的苦是不一样的。现在提倡吃苦，并不是要求大家再过以前那种缺衣少食的苦日子，不去享受现在的美好生活。对于我们新时代青年来说，吃苦主要是吃精神层面的苦，在生活、学习、成长、竞争中能抗得了压力、受得了委屈、耐得住寂寞，持之以恒地追求目标与理想。

三、新时代好青年要如何吃苦

新征程是充满光荣与梦想的远征，"青年之字典，无'困难'之字；青年之口头，无'障碍'之语……"李大钊的这段青春寄语，唱响了新征程上"跃进、雄飞"的新青春壮歌！即便身处最恶劣的境遇，我们依然有不可剥夺的精神自由，依然可以选择以有尊严的方式面对苦难。而这种选择本身，就彰显着人性的高贵。

要自找苦吃——把"能吃苦"当作一种精神追求。"我对自己的首要要求就是'自找苦吃'。"这是习近平总书记的修身原则，他不到16岁就下乡，种地、打坝、挑粪，什么活儿都干过，什么苦都吃过，而且一干就是7年。我们和习近平总书记青年时期的成长环境相比，那真是幸福太多了。但能吃苦依然没有过时，敢于"自找苦吃"是一种弥足珍贵的精气神，我们每位同学都应该向习近平总书记学习，把"自找苦吃"当作一种精神追求。反观当下，虽然大部分同学是奋发向上的，但是我们发现有一部分人已经开始"摆烂"了。"摆烂"文化大行其道，"间歇性摆烂"的"好处"被大肆宣传，诱导更多青年加入"摆烂大军"中，宣泄颓废情绪，试图为"努力无用论"代言。我们要提高警惕，清醒认识到这种青年亚文化的危害。没有躺赢的捷径，只有奋斗的征程。作为学生，本职工作就是学习，但在书本上学到的知识并不能一劳永逸地解决所有问题，我们只有把理论与实践相结合，在生活中敢于"自找苦吃"，经得住生活的历练，才能把书中的水分挤掉，得到知识和干货。

要不辞劳苦——把"能吃苦"当作一种高贵品质。"像牛一样劳动，像土地一样奉献。"每次读到路遥的这句话，总能给我以心灵的触动和深刻的启迪，因为牛在中国传统文化里一直是吃苦耐劳的形象。我们从小学、中学再到大学，一路走来，我们每个人都吃了很多苦，都很了不起。从"宁肯少活二十年，拼命也要拿下大油田"的钢铁誓言，到载人航天领域"特别能吃苦"的精神品格，从塔吊林立的建筑工地、挥汗如雨的田间地头到灯火通明的科研大楼……老黄牛的吃苦精神不仅成就了新时代"苟日新，日日新，又日新"的美丽画卷，更凝结为一种修养，一种品质。现在我们面临着更加激烈的竞争，也许有的同学觉得学习的苦、就业的苦……已经"卷"得他疲惫，"毁灭吧""我累了"，反正我这么平凡、这么普通。但我想，平凡不等于平庸，即使我们没能像徐梦桃那样凭借一跳创造历史，但她的伟大也出自平凡。我们每个人都是独一无二的存在，与其在"少我一个不少，多我一个不多"的想法中"emo"，不如在面对苦难时，带着不屈的骨气、造梦的志气、平视的底气，像老黄牛一样耕耘在奋斗的路上。我们在成为更好的一代之前，先在与苦交锋中成为更好的自己，找到个人与时代的平衡点，于方圆之中，创造属于自己的不平凡。

回望波澜壮阔的新时代10年，党和国家事业取得的历史性成就，无不是苦出来、干出来的。实践反复证明，辛苦的汗水浇灌事业的花果，能吃苦是成功的密码。奋进新征程，美好的愿景令人憧憬，伟大的梦想值得期待。只要我们摒弃"骄娇二气"，以不怕苦、能吃苦的牛劲牛力，越是艰险越向前，我们必将翻越座座高山、跨过道道沟壑，书写更新更美的时代华章！

2023年5月于西安

奋斗是青春的底色
——做肯奋斗的新时代好青年

> 任艳玲
>
> （2021级思想政治教育·师范班）

千百年来，青年群体都面对着一个亘古不变的命题——奋斗。那么究竟什么是奋斗呢？奋斗是指为达到一个目的而努力，为实现一个目标去战胜各种困难的过程。这个过程会充满压力、痛苦与挫折，但努力奋斗过后，最终会取得如饴般甘甜的果实。

习近平总书记在党的二十大报告中对广大青年提出殷切期盼和勉励："广大青年要坚定不移听党话、跟党走，怀抱梦想又脚踏实地，敢想敢为又善作善成，立志做有理想、敢担当、能吃苦、肯奋斗的新时代好青年，让青春在全面建设社会主义现代化国家的火热实践中绽放绚丽之花。"

一、奋斗才能创造幸福生活

幸福都是靠奋斗得来的，要幸福就要奋斗。无论我们身处什么样的时代，只有通过努力奋斗、积极学习，练就一身过硬本领，才能实现自己的人生理想，为社会做出贡献。

"寄送快递是否是一份简单的工作呢？如果让你来完成这样一份看似简单的工作，你又将如何去做呢？"快递员宋学文用自己的行动对这个问题做出了回答。为了高效精准地将快递送达客户，他总结出一套独家的配送"方法论"，把收寄快递做成了一门"学问"，无论风雨，他从不缺席，坚持送到、送完最后一个包裹,配送超过 30 万件包裹零差评。2022 年 10 月 16 日,党的二十大在北京召开,宋学文作为二十大党代表参加盛会。

　　奋斗能带来什么?奋斗能改变我们的人生。当 20 岁的杨淑亭因为车祸,余生只能在轮椅上度过时,她并没有因为生活的重击而沉沦,也没有因为迷茫的未来而恐惧。杨淑亭靠着做游戏代练,赚到了"重生"后的第一笔收入,虽然只有 7.7 元钱,但却给了她奋斗下去的信心,让她坚信自己不是一个废人。杨淑亭不断学习,不断尝试,钻研网络经营知识,开网店,严格把控商品质量,坐着轮椅去接送货,凭借着不懈的奋斗,赚到了人生中的又一桶金。2015 年,她注册了"城步万红花卉种植专业合作社",并和周边 200 多户贫困家庭签订合作协议,达到营收的同时,也帮助这些贫困家庭走上富裕之路。2017 年,杨淑亭发现农村很多留守妇女因为照顾老人和小孩,没有固定工作,缺乏经济来源,一个念头在她心中逐渐升起:把工厂开到这些人的家门口。说干就干,短短两年,她开设了三个扶贫车间,解决了 200 多人的就业问题。这些年来,杨淑亭共带动 700 多户农民增收,其中 220 多户贫困户摘下贫困帽,59 位残疾人实现就业脱贫!2019 年 5 月 16 日,杨淑亭受邀参加第六次全国自强模范暨助残先进个人集体表彰大会,在人民大会堂,受到习近平总书记的亲切接见。奋斗能带来什么,奋斗改变了杨淑亭的人生,让她重新拾起生活的希望,实现个人梦想,回报家乡、回报社会。奋斗,让她的精神永远挺立!

二、新时代的青年仍需奋斗

　　亮丽的青春,需要坚持不懈地奋斗。新时代新征程,中国青年面对着艰巨而宏远的历史使命与考验,如何为国家做出贡献,如何去实现自己的人生价值,答案永远只有"奋斗"二字。

　　习近平总书记在庆祝中国共产党成立 100 周年大会上讲话指出:"未

来属于青年，希望寄予青年。一百年前，一群新青年高举马克思主义思想火炬，在风雨如晦的中国苦苦探寻民族复兴的前途。一百年来，在中国共产党的旗帜下，一代代中国青年把青春奋斗融入党和人民事业，成为实现中华民族伟大复兴的先锋力量。"总书记的讲话，充分彰显了青年在社会发展中的主力军和先锋队作用。

众所周知，2035年和2050年是重要节点：2035年，我国将基本实现社会主义现代化；2050年，我国将全面建成富强民主文明和谐美丽的社会主义现代化国家。一代人有一代人的长征，一代人有一代人的使命。新时代青年生逢强国时代，必然肩负着强国使命，我们每一个人，都将是实现第二个百年奋斗目标的建设者、贡献者和拥有者。这是新时代中国青年千载难逢的历史荣光和责无旁贷的历史使命。新征程呼唤新时代青年担负使命、建功立业、奉献人民、报效祖国，奋力谱写无愧于时代的壮丽青春篇章。

三、远大事业还需接续奋斗

新中国成立以来，国家各项事业的蓬勃兴旺、迅速发展，都离不开广大劳动者的奋斗与奉献。艰苦奋斗的人，不论职务高低、身份差异，都能在任何地方发光发热，在人生岗位上有所建树，为他人、为社会、为国家做出自己的贡献。他们信念坚定、创新创造、舍己为人、顾全大局，用勤劳的双手耕耘劳作，在平凡的岗位上创造出不平凡的业绩，用智慧和汗水谱写了"中国梦，劳动美"的崭新篇章。

中国特色社会主义事业是一项长期事业，需要我们一代又一代有志青年接力奋斗。新时代的广大青年要肩负历史使命，坚定前进信心，立大志、明大德、成大才、担大任，努力成为堪当民族复兴重任的时代新人，让青春在为祖国、为民族、为人民、为人类的不懈奋斗中绽放绚丽之花。作为新时代青年，我们应当学习劳动者的奋斗精神，刻苦钻研，提高自身本领，用心接好前辈传承下来的接力棒，将个人的奋斗目标融入全面建设社会主义现代化国家，实现中华民族伟大复兴的历史进程当中，用劳动创造辉煌业绩，用奋斗绽放人生光彩。

新时代的中国青年要谨记习近平总书记的殷殷嘱托，自觉、自律、自强，在担当中历练，在尽责中成长，在劈波斩浪中奋力前进，在披荆斩棘中开辟天地，在攻坚克难中创造佳绩，用青春和汗水抒写新时代的奋斗之歌！

2022 年 11 月于西安

第五章

巍巍宝塔
光辉闪耀

宝塔山下铸新魂　延安精神永不朽

赵梦杰

（2022级思想政治教育专业硕士研究生）

巍巍宝塔山，滚滚延河水。从黄土高原的山梁沟峁到经过岁月洗礼的旧址文物，都见证了我们党延安13年艰苦卓绝的奋斗历程，以毛泽东为代表的老一辈无产阶级革命家领导中国革命事业从低谷走向高潮，实现了历史性转变，扭转了中国的前途命运，孕育了振兴中华民族的奋进之魂——延安精神，谱写了我们党自力更生、艰苦创业的感人事迹。

一、坚定正确的政治方向是延安精神的灵魂

1937年，日寇铁蹄践踏中国，中华民族面临空前危机。毛泽东在《中国共产党在抗日时期的任务》中指出："这一阶段的革命基本任务是争取国内和平，停止国内武装冲突，以便团结一致，共同抗日。"在中华民族最危险的时刻，中国共产党高擎抗日救国、民族独立的大旗，让爱国志士在黑暗中看到了光明，无数青年知识分子从祖国的四面八方奔赴全国最进步、最民主的革命圣地——延安。1938年4月9日，毛泽东同志在抗大第四期第三大队开学典礼上发表了《在抗大应当学习什么？》的演讲，明确指出学员们"首先是学一个政治方向"。一年后，在抗大成立3周年纪念大会上，毛泽东同志再次把"坚定正确的政治方向"放在抗大教育方针的首位。革命熔炉育英才，在这里，成千上万爱国青年逐渐成长为具有坚

定革命信念和革命意志的无产阶级战士。从"九一八"到南京大屠杀，屠刀所指，山河血染，中华大地在侵略者的铁蹄下痛苦呻吟；再到台儿庄大捷、百团大战，增强了全国军民抗战必胜的信心，鼓舞了抗日军队的士气，最终取得了抗日战争的胜利。在中华民族危亡的关键时刻，中国共产党始终坚定正确的政治方向，在血与火的斗争中带领中国人民做出一个个正确的历史性抉择，最终扭转了中国的乾坤，在抗战中取得胜利。

坚定正确的政治方向是延安精神的灵魂。13年延安峥嵘岁月，中国共产党能够从小到大、由弱变强，不断突破艰难险阻创造辉煌的重要原因，就是始终坚持正确的政治方向。新时代青年在实现中华民族伟大复兴的征程中，必然会遇到各种各样的挫折与困扰，越是困难我们越应该坚定理想信念与道德追求，坚定"四个自信"、做到"两个维护"，自觉将个人发展融入党和国家的事业发展之中，担负起时代赋予的历史重任。

二、解放思想、实事求是的思想路线是延安精神的精髓

"解放思想、实事求是"是中国共产党的思想路线，也是延安精神的精髓，它随着马克思主义中国化的第一次飞跃逐步形成和发展起来。延安时期，党内教条主义盛行，脱离中国实际而盲目照搬他国革命经验的行为给中国革命带来了严重损失。为从教条化的思想束缚中解放出来，1938年10月14日，毛泽东在六届六中全会上向全党提出了"马克思主义中国化"命题，并从1941年5月到1945年4月开展了轰轰烈烈的延安整风运动。整风运动不仅是一次深刻的马克思主义思想教育运动，也是一场思想解放运动。整风运动期间，毛泽东先后发表《改造我们的学习》《整顿党的作风》《反对党八股》等文章，在理论上批判了党内长期存在的教条主义思想，并且强调了实事求是的重要性，冲破了长期以来照搬苏联革命经验的教条化理论的思想束缚。通过整风，实事求是的马克思主义思想路线逐渐

深入人心，清算了党内盛行的宗派主义和教条主义思想，大大增强了党的凝聚力和战斗力，为抗战和新民主主义革命的最终胜利奠定了思想基础。

今天，在延安中央党校大礼堂的门楣上方，我们依然能看到毛泽东同志亲笔所题的"实事求是"石刻。党的十八大以来，我们党不驰于空想，不骛于虚声，坚持把解放思想、实事求是贯穿到治国理政各个方面、各个环节，创造了新时代中国特色社会主义的伟大成就：打赢脱贫攻坚战，全面建成小康社会目标如期实现……这些辉煌成就无不来自对"实事"清醒而全面的认识，对"求是"坚定而执着的追求。新征程带来新情况，当代青年要传承和弘扬延安精神，就应该谨记"解放思想、实事求是"这一真理，时刻用这一思想武装自己、完善自己、提高自己，始终保持敢为人先的锐气，在深入研究新情况新问题的实践中不断学习、不断成长。

三、全心全意为人民服务的根本宗旨是延安精神的本质

中央警备团战士张思德为响应大生产运动的号召，主动报名参加安塞县石硖谷办生产农场的生产小队，1944年9月5日，张思德在带领战士们执行烧炭任务时，即将挖成的窑洞突然塌方，他奋力把战友推出窑洞，自己却被埋在窑洞内，牺牲时年仅29岁。张思德的牺牲引起了中国共产党人对自我使命的思考。1944年9月8日，毛泽东在张思德烈士追悼会上做了题为《为人民服务》的演讲，他指出："张思德同志是为人民利益而死的，他的死是比泰山还要重的。"在讲演中，毛泽东用鲜明的语言概括了中国共产党全心全意为人民服务的根本宗旨。"知屋漏者在宇下，知政失者在草野。"延安时期，中国共产党正是由于充分相信人民，依靠人民，充分听取人民的意见，才培养了党与人民的"鱼水之情"，才能让人们相信延安是"向着光明的、有希望的、上进的新中国的发祥地"。密切的党群关系使党的凝聚力和感召力不断增强，赢得了民众的拥护和信任，

也为革命的胜利奠定了坚实的基础。

习近平总书记曾说:"我将无我,不负人民。"短短八个字,道出了中国共产党人博大而又深沉的人民情怀,也诠释了全心全意为人民服务的现实内涵。在新时代的征程中,我们青年一代要学习张思德同志以人民利益为先的精神,矢志坚守全心全意为人民服务的根本宗旨,坚定不移跟党走,厚植人民情怀,始终与人民同甘共苦,把为人民服务的理念融入血脉,用汗水浇灌青春之花。

四、自力更生、艰苦奋斗的创业精神是延安精神的重要特征

在那战火纷飞的岁月里,延安生活条件极其艰苦,由于日本侵略者的疯狂"扫荡"和国民党的经济封锁,整个抗日根据地陷入没粮吃、没衣穿、没被盖、没经费的艰苦困境。1939年2月2日,在严峻的历史关头,中共中央在延安召开生产动员大会,发出了"自己动手,丰衣足食"的号召。于是,数万名党政军学各方面人员都投入到大生产热潮之中,毛泽东、朱德等中央领导人经常利用休息时间开荒、种菜,发挥带头引领作用。八路军主力部队359旅的战士们"背枪上战场,荷锄到田庄",一边练兵备战,一边垦荒屯田,在几年的时间里就把昔日荒山臭水黑泥潭的"烂泥湾"开发成到处是庄稼、遍地是牛羊的"陕北的好江南"。"来到了南泥湾,南泥湾好地方,好地呀方。好地方来好风光,好地方来好风光,到处是庄稼,遍地是牛羊……"一曲家喻户晓的《南泥湾》,唱出了延安时期抗战根据地军民自力更生、奋发图强的精神风貌。在被"困死、饿死"的巨大危机面前,共产党人迸发出前所未有的斗志,顽强拼搏、埋头苦干、上下齐心,正是依靠这种自力更生、艰苦奋斗的精神,党才能领导人民藐视一切苦难,征服无数艰难险阻。

延安窑洞容寰宇,一盏明灯照远方。任时光荏苒、岁月变迁,延安精神都将持续放射出耀眼的光芒。习近平总书记在党的二十大报告中指出："当代中国青年生逢其时，施展才干的舞台无比广阔，实现梦想的前景无比光明。"初心如磐，使命在肩，每一个新时代青年都应时刻牢记总书记的嘱托，将延安精神内化于心、外化于行，不断发扬自力更生、艰苦奋斗的精神，做新时代的"拓荒者"，在艰苦奋斗中磨炼意志，锤炼革命品格，以奋斗之青春，谱写新时代的壮丽凯歌。

2024 年 3 月于西安

民族危亡之际,爱国青年如何抉择?

赵 雪
(2020级中国近现代史基本问题研究专业博士研究生)

1931年9月18日夜,在日本关东军安排下,铁道"守备队"炸毁沈阳柳条湖附近的南满铁路路轨(沙俄修建,后被日本所占),并栽赃嫁祸于中国军队。日军以此为借口,炮轰沈阳北大营,是为九一八事变。次日,日军侵占沈阳,又陆续侵占了东北三省。1932年2月,东北全境沦陷。此后,日本帝国主义加紧侵略中国。1932年5月5日,国民政府与日本签订《淞沪停战协定》,蒋介石宣布把"攘外必先安内"作为国民党处理内外关系的基本国策,这就大大助长了日本帝国主义侵略中国的野心,他们已经不满足于仅在东北地区推行殖民统治,还利用南京国民政府的不抵抗政策,把侵略范围一步步伸向华北。

1935年5月开始,日本积极策动华北五省"防共自治运动"。我们都知道,华北五省是中国政治经济的中心地区,战略地位极其重要,日本策划"自治",其目的就是要使华北脱离国民政府,把华北变成第二个"伪满洲国"。当时在北平的大学生首先起来反抗,在听到国民政府要接受这个荒唐的方案,并且准备在12月9日这一天成立"冀察政务委员会"时,青年们的愤怒达到了极点。12月8日,清华大学召开全体学生大会,成立救国委员会,发布《清华大学救国会告全国民众书》:"华北之大,已安放不得一张平静的书桌了。"宣言激起北平各阶层人民的极大愤慨,所以北平学联党团组织果断决定在12月9日举行大规模的请愿游行示威活动，要求国民政府停止华北自治，这就是在抗日民主运动中最著名的"一二·九"运动。但是在示威游行过程中，国民政府却组织军警用警棍、水龙头甚至枪支镇压学生运动，几百名学生受伤，30多名学生被捕，引起社会各界极大震动。而就在此时，中共中央率领中央红军长征到达陕北。

时值国家民族危亡、党和红军困难重重之际，中国共产党能否力挽狂澜、扭转乾坤呢？

1935年8月1日，中央红军尚在长征途中，中共中央就已经准确判断出中日之间的民族矛盾已经上升为中国社会的主要矛盾，中国共产党驻共产国际代表团草拟了《为抗日救国告全体同胞书》（即《八一宣言》），号召全国人民团结起来，响亮地发出了"抗日救国"的口号。"一二·九"运动爆发后的第八天，也就是12月17日，中共中央在陕北安定县瓦窑堡一个普通窑洞里，召开了决定中国革命前进方向的瓦窑堡会议，正确分析了国内政治形势，确定了抗日民族统一战线的总策略。12月20日，中共中央通过共青团号召广大青年："把反日救国运动扩大起来！到工人中去，到农民中去，到商民中去，到军队中去！"1936年2月1日，中华民族解放先锋队（简称民先队）成立，这是在中国共产党领导下的以抗日民主为奋斗目标的先进青年的群团组织。广大青年学生深入农村进行抗日救亡宣传，很快成为各地抗日救亡运动中的骨干力量，成为中国共产党建立抗日民族统一战线的助手和领导抗日救亡运动的先锋。

自九一八事变以来，国民政府对日本的妥协退让并没有阻止其疯狂侵略的行为，反而使侵略行动更加肆无忌惮。针对国民党政府不发动群众和武装民众，实行单纯政府与军队的片面抗战路线，中国共产党在全国抗战一开始就积极抗日，主张全面全民族的抗战路线，即人民战争的抗战路线。毛泽东曾深刻指出："战争的伟力之最深厚的根源，存在于民众之中。日本敢于欺负我们，主要的原因在于中国民众的无组织状态。克服了这一缺点，就把日本侵略者置于我们数万万站起来了的人民之前，使它像一匹野牛冲入火阵，我们一声喊也要把它吓一大跳，这匹野牛就非烧死不可。"

毛泽东用形象比喻讲出了群众路线的重要意义，只有民力和军力相结合，才会给日本帝国主义以致命打击。

延安与国统区相比，让全国各地的爱国青年看到了中国共产党是真正以民族利益为重，始终坚持正确的政治方向，能够担负起民族大任，延安才是实现"天下兴亡，匹夫有责"历史使命的地方。"到延安去"成为二十世纪三四十年代中国青年知识分子中最响亮的口号。2013年5月4日，习近平总书记在同各界优秀青年代表座谈时指出："青年最富有朝气、最富有梦想。近代以来，我国青年不懈追求的美好梦想，始终与振兴中华的历史进程紧密相联。在革命战争年代，广大青年满怀革命理想，为争取民族独立、人民解放冲锋陷阵、抛洒热血。"民族危亡之际，爱国青年发慷慨激昂之声，承不屈不挠之志，走共赴国难之路，这是广大青年知识分子为了救亡图存、争取自由解放的必然选择。

2022年6月于西安

红色延安，缘何成为爱国青年争相奔赴的"圣地"？

赵 雪

（2020级中国近现代史基本问题研究专业博士研究生）

80多年前，延安以其崇尚自由、宽容、民主、融洽，追求真理的政治氛围以及抗战救国、全民族抗战的旗帜吸引了大批有志青年和知识分子，无数仁人志士突破国民党层层防线，怀着抗日救国的理想，前往红色延安。据统计，仅1937年，就有超过2万名学者、艺术家、知识青年来到延安。我们不禁要问：地理位置偏僻，且物质条件极其艰苦的延安，到底有着什么样的魅力，吸引了那么多优秀的青年人呢？

在延安，"民主中国的模型"正在建立，那里提倡革新，反对旧俗，鼓励学术研究。1938年，埃德加·斯诺的《西行漫记》出版，打破了国民党的新闻封锁，它开阔了很多人的视野，使人们正确地认识了革命，成为引导当时青年群体追求光明的书。毛泽东在为中共中央起草的《大量吸收知识分子》中明确强调："对于知识分子的正确的政策，是革命胜利的重要条件之一。我们党在土地革命时期，许多地方许多军队对于知识分子的不正确态度，今后决不应重复。"随后，他又在《论政策》中明确指出："应容许资产阶级自由主义的教育家、文化人、记者、学者、技术家来根据地和我们合作，办学、办报、做事。"正是由于党对知识分子的政策好，就更加吸引了一批又一批的知识青年不远千里奔赴延安，投身革命。这些青年知识分子的到来充实了当地的人才队伍，从此，陕甘宁边区的各项事业尤其是文化教育事业得到了极大的发展。

延安有坚定的信仰、民族的希望，更有爱国青年保家卫国的精神力量。

在当时特殊的社会环境下，通往延安的道路异常艰辛。除交通不便、餐风饮露之外，还要躲避国民党顽固派的阻挠、扣押和拘禁；而从沦陷区到延安，则会遇到日伪军队的逮捕与羁押，甚至有人为此付出了生命的代价。以从西安到延安为例，就有400公里路程，大部分人需要徒步大约14天才能到达。途中除国民党设置的重重关卡外，恶劣的自然地理环境也造成极大障碍。这里很难找到水源，还有野狼出没，时常伤人。但是，即便如此，爱国青年甘愿用汗水、鲜血乃至生命来筑就这条理想之路、信仰之路。

来延安的青年主要通过党组织和个人介绍，或者参加延安各类学校的招生考试奔赴延安。八路军西安办事处在爱国青年奔赴延安的过程中，起到了桥梁和后盾的作用。到延安后，则由延安交际处给青年学生统一安排食宿，造册登记，然后大多数人进入各类院校和培训班，他们被亲切地称为"同志"。毛泽东曾说："进抗大没有考试，大家通过敌人的封锁线来到延安，这是最好的考试。"精神力量在特定时代能够发挥常人难以理解的巨大作用，数万青年克服重重阻力，来到物质生活异常艰苦的黄土高原，说明他们心中有信仰，脚下才会有力量。

在此过程中，有太多可歌可泣的人值得我们永远铭记，太多感天动地的故事值得我们永远颂扬。

高士其是第一个投奔延安参加革命的留美科学家，由于学习期间做实验不幸被病毒感染，留下终身不治的残疾。即便是行走困难，他也和其他年轻人一样，凭着内心的向往，奔向延安。他说："我一天爬几丈路，也得爬到延安去！"结果从上海到南京这条路，他就走了三个多月，其中还遭到了四次轰炸。在那战火纷飞的动乱年代，高士其支撑着病体，在好心路人的帮扶下，战胜重重困难，终于来到了革命圣地延安。到达延安之时，激动而又兴奋的高士其写下了《不能走路的人的呐喊》一诗："哦，我是一个不能走路的人。不能走路，也来到延安，也要在路旁助威呐喊：赶走日本强盗！还我中华河山！"

在延安，中国共产党人创造性地提出马克思主义基本原理与中国革命的具体实践相结合，抗日救国的巨大牺牲、抗日建国的伟大构想深深震撼了追求新思想、新观念、新文化的有志青年，唤醒了他们内心深处潜藏的意识，年轻、快乐、充满活力的元素使延安成为年轻的城市，广大青年在这里大展宏图，实现了人生理想。1936年，23岁的黄华作为埃德加·斯诺的翻译来到延安，震动世界的《西行漫记》也有他的功劳。他在回忆录中写道："为斯诺做翻译，使我有机会接触所有他采访过的领导干部和战士，了解他们苦难的身世，艰险的战斗经历……他们有勇有谋，无难不克，他们对中国会打败日本充满信心；他们把人民视同亲人……在红军战士身上，我的确发现了另一个中国，看到了中国人民的希望和力量！我太幸福太高兴了！"在延安的青年人，成为中国革命的先锋队，他们心中热爱着自己的中国，对边区的政治、社会、经济特别是文化艺术事业的发展，产生了重要影响。毛泽东曾在延安庆贺模范青年大会上说："中国的青年运动有很好的革命传统，这个传统就是'永久奋斗'。我们共产党是继承这个传统的，现在传下来了，以后更要继续传下去。"延安时期的青年就这样树立起了一座爱国奋斗的永恒丰碑。

  回望历史，每一代青年都有自身的使命与责任。习近平总书记寄语青年："当代中国青年要有所作为，就必须投身人民的伟大奋斗。同人民一起奋斗，青春才能亮丽；同人民一起前进，青春才能昂扬；同人民一起梦想，青春才能无悔。"广大青年要树立起崇高的社会理想，紧紧围绕在党的周围，将个人的价值融入国家与民族的命运之中，努力拼搏，勇往直前，助力国家富强、民族振兴、人民幸福的中国梦早日实现。

2022年6月于西安

安吴青训班,何以吹响热血青年保家卫国"集结号"?

赵佳伟
(2020级马克思主义中国化研究专业博士研究生)

2017年,随着电视剧《那年花开月正圆》的热播,渭北大地上一个富有传奇色彩的古村落——安吴村(曾名为安吴堡)逐渐进入人们的视野。除了电视剧所取材的"安吴寡妇"的历史故事,曾经发生在这里的一段火热的革命历史,也再一次展现在人们眼前。那便是抗日战争初期,在中央青委领导下,由西北青救会领导创办的青年训练班——安吴战时青年训练班。它是延安泽东青年干部学校和中央团校的前身。

1937年,全面抗战爆发,国内形势十分混乱,大批失去学业的有志青年争相奔赴陕北,希望通过接受抗战教育更好地为保家卫国贡献力量,但因种种原因未能如愿,导致大批学生流落西安。为了更好地教育爱国青年、凝聚革命力量,西北青年救国联合会于当年在泾阳斗口镇一个农场里开办了青年训练班。不到半年,青训班的人数就从100余人增加至1000多人,训练时间从两周变为两个月,授课地点则迁至安吴堡,遂成为全国一所声名远扬的战时教育学校——安吴青训班。

在安吴青训班中,教育是一切工作的中心。培训班在创办之初,就明确了办学目的,即"在最短的时间内,教授青年一些基本战时军事政治知识,以便有效开展抗日救亡工作"。为此,安吴青训班的课程主要分为三个方面:政治、军事与群众运动。政治方面主要讲三民主义、中国问题等基本政治常识,军事方面主要讲游击战争的战术等,而抗日民族统一战线理论则是每期培训班必学的课程。青训班的课程具有显著特点：一是实用性。课程教学着重以经验传授为主，通过小组讨论的方式来启发学生的自主性，讲授内容与实际工作紧密相关，政治课着重进行时事研究，军事课侧重野外演习，民众运动课则以实际的乡村服务宣传工作为重点。二是灵活性。这些课程的开设并不是固定不变的，而是根据参加培训成员的具体情况以及抗战的实际需求进行相应调整。例如在第七期青训班，参与培训的人员被划分为工人连、农民连、妇女连等12个连队，同时根据各连队的不同情况进行灵活教学，如面对文化水平较低的农民连，有针对性地开设了文化课教学；面对朝气蓬勃的儿童连，则侧重简单的娱乐活动，在轻松的氛围中培养孩子们的抗日热情。

正因如此，安吴青训班切实成为热血青年抗日救国的集结地。

安吴青训班的学员来自全国各地，既有进步青年，也有农民、工人。在抗日救国目标的指引下，大家放下成见、摒弃隔阂，一起学习，一起生活，团结一致、坚强刻苦、勇于奉献，为全国青年树立了榜样。

据学员纪希晨回忆，1938年6月，为了抗战，他从洛阳出发去延安。由于日军持续轰炸，火车只能晚上出发并熄灯前行。途中，他挤过难民堆，冒险爬过火车顶；他遇到过无人照顾的国民党伤兵，也曾差点被抓了壮丁。一路上见到的多是凄苦的难民、冲天的火光以及日军四处的炮火与烧杀抢掠。当历经艰险到达西安后，他幸运地找到了安吴堡青训班。华侨女青年学员王唯真回忆说，当她在报纸上得知日军攻陷南京并进行了毫无人性的大屠杀后，便毅然决定回国参战。在安吴堡，她感受到"这里没有悲观失望，有的是抗战必胜的信念；这里没有官气，有的是干群平等上下一心的关系；这里没有尔虞我诈，有的是团结友爱；这里反对口是心非，强调言行一致"。

国民党第三集团军司令孙桐萱的机要秘书朱晦生、宁波北仑公德小学校长李长来、南洋华侨何凤栖，这三个来自天南海北的青年在履历上却有一个共同点，即都在安吴战时青年训练班学习过，3位青年在结束了青训班的培训之后，在隐蔽战线及工作岗位上充分发挥了自己的力量。

"聚在这儿我们上了生命的第一课，再会吧，我们到战场上去上第二课。我们将亲见祖国在血里得到自由，我们将在灿烂的乐园里上第三课。"从1937年10月至1940年4月，历时30个月，青训班成功举办各类培训班14期，毕业学员1.2万余人，为抗日战争和解放战争锻造出一大批信念坚定、作风顽强、团结守纪的优秀青年干部，为中国革命的胜利提供了强有力的人才保障，被誉为"青年的故乡""抗日干部的摇篮"。

2019年4月30日，习近平总书记在纪念五四运动100周年大会上指出："新时代中国青年要树立对马克思主义的信仰、对中国特色社会主义的信念、对中华民族伟大复兴中国梦的信心，到人民群众中去，到新时代新天地中去，让理想信念在创业奋斗中升华，让青春在创新创造中闪光！"在滚滚的抗日洪流中，安吴青训班为青年学生保家卫国的理想信念插上了坚实的翅膀。

2021年3月于西安

抗大，何以让青年学员脱胎换骨？

王怡文

（2019级思想政治教育·卓越教师实验班）

"以窑洞为教室，石头砖块为桌椅，石灰泥土糊的墙为黑板，校舍完全不怕轰炸的这种'高等学府'，全世界恐怕只有这么一家。"埃德加·斯诺在他的《西行漫记》中这样描述了一所"窑洞大学"。这所"窑洞大学"就是驰名中外的中国人民抗日军事政治大学，简称"抗大"。毛泽东高度重视抗大的建设，不仅亲自担任抗大教育委员会主席，为抗大制定了"坚定正确的政治方向，艰苦朴素的工作作风，灵活机动的战略战术"的教育方针，题写了"团结、紧张、严肃、活泼"的校训，还经常参加抗大组织的活动，亲自审定抗大的教学大纲和教育计划，多次到抗大讲课。因此，因抗日战争而生、而兴的抗大，就像吸铁石一样，吸引着众多追求进步、练好本领好杀敌的爱国青年。从抗战爆发到1938年底，先后有1.5万多名爱国青年拥入抗大学习。同时，抗大又像是一块"磨刀石"，使入校学习的青年学员有了脱胎换骨的变化。

坚持用无产阶级世界观磨掉一切落后思想。进入抗大学习的青年学生来自五湖四海，他们的阶级出身、社会经历、政治水平和文化程度等千差万别。因此，抗大把转变他们的思想放在第一位，注重用马列主义武装他们的头脑，用无产阶级的世界观来教育和培养干部。同时，结合实际对学员进行国内外形势以及党的路线、方针、政策的教育，并针对知识青年和工农干部的特点，提出了"工农干部知识化""知识分子工农化"的口号。

这样，经过抗大的学习，学员的思想认识有了很大提高，成为政治上合格，善于从政治上观察、分析和处理问题，在重大原则问题上能够划清是非界限的先进战士。对此，毛泽东在抗大二期开学典礼上说："抗大像一块磨刀石，把那些小资产阶级意识——感情冲动、粗暴浮躁、没有耐心等磨个精光，把自己变成一把雪亮的利刃，去打倒日本，去创造新社会。"

坚持在艰苦奋斗中磨炼坚强意志。总体来看，抗大的办学是极为艰难的，除一套精干的教学训练机构、优秀的教员、科学的课程设置外，可以说是一无所有。后来随着学员的增多，特别是随着深入敌后办学，就连石头桌椅、窑洞教室的条件也没有了，很多是露天上课。学员的物质生活更是极为贫乏，几乎都尝过饥饿、半饥饿和衣衫褴褛的滋味，基本都是在"面包会有的，牛奶也会有的"自我安慰下挨过紧张的学习生活。因此，当时的抗大学员，入学要先闯劳动关、士兵生活关。劳动关，就是指在抗大学习，粮要自己背，柴要自己砍，操场要自己修，教室要自己搭。学习、生活和训练的一切，没有一件不是由学员自己来完成的。当时来抗大的知识青年，不少是家庭条件良好、生活优越的富家或官宦子弟，有的女同志身穿旗袍、提着皮箱，带着丫鬟就过来了。但经过抗大的学习生活，他们大都脱胎换骨，成了能住窑洞、能吃小米、会打草鞋，闲时能生产、战时能打仗的革命战士，就像毛泽东赞扬女学员丁玲时说的那样，"昨天文小姐，今日武将军"。这样，经过抗大的学习生活，几乎每个学员都成了不怕吃苦、革命意志更加坚定的钢铁战士。

而且，抗大给青年学员带来的不仅是思想和意志的转变，还使他们练就了杀敌报国的过人本领。

在战斗中学习，在战斗中锻炼，是抗大办学成功的重要经验。抗大总校在陕甘宁边区办了四期，在敌后解放区办了四期，其他十多所分校都是在敌后各个解放区办的。敌后办学，更得注重实战经验的积累，在战斗中学习战斗就成为当时抗大军事教育的新创举。在百团大战的前期和后期，作为抗大总校副校长的滕代远就派抗大干部参加作战，他还经常派干部到 129 师去学习战斗经验和具体战例，通过研究作为编写教材、山地训练及沙盘战术作业的借鉴，使抗大的军事教育与敌后战争结合更加紧密。敌后分校就更不用说了，因为深入敌后几乎每天都是在"一面战斗、一面学习"的状态中度过。有的学员队离敌最远的有 30 华里，最近的也就 8 华里；有的分校每天背着背包上课，敌人来了就走，戏称"背包大学"；有的在敌人扫荡时，参加反"扫荡"战斗，掩护群众转移，等战斗结束，再上课学习。抗大这种"一面战斗、一面学习"的作风，真正做到了"理论联系实际""学以致用"，学员学习的效果也就立竿见影。实践证明，抗大这块"磨刀石"，磨出了青年学员的新思想、磨出了青年学员的坚强意志、磨出了青年学员的过人军事本领，为中国的民族解放和社会解放磨出了 10 余万无坚不摧的"尖刀利刃"。抗日战争中，他们广泛活跃于华北、华中和华南的抗日前线，使敌人风声鹤唳、闻之丧胆。

2022 年 5 月 10 日，习近平总书记在庆祝中国共产主义青年团成立 100 周年大会上讲话，对广大共青团员提出殷切期望："要做理想远大、信念坚定的模范，带头学习马克思主义理论，树立共产主义远大理想和中国特色社会主义共同理想，自觉践行社会主义核心价值观，大力弘扬爱国主义精神；要做刻苦学习、锐意创新的模范，带头立足岗位、苦练本领、创先争优，努力成为行业骨干、青年先锋；要做敢于斗争、善于斗争的模范，带头迎难而上、攻坚克难，做到不信邪、不怕鬼、骨头硬；要做艰苦奋斗、无私奉献的模范，带头站稳人民立场，脚踏实地、求真务实，吃苦在前、享受在后，甘于做一颗永不生锈的螺丝钉。"这也是"抗大抗大，越抗越大"，青年学员脱胎换骨的真谛所在。

2022 年 7 月于西安

延安青年,如何走与工农结合之路?

赵俊鹏
(2020级中国近现代史基本问题研究专业博士研究生)

1946年1月,已离别祖国10载、阔别父亲18年的毛岸英从苏联学成归国。在苏联期间,岸英曾在伏龙芝军事学院求学,经历了卫国战争,荣获过中尉军衔,长期的苏联生活让他生活习惯已完全欧化,言谈举止等行为习惯使他与八路军战士多少有些格格不入。毛主席说:"岸英,你在苏联长大,国内的生活你不熟悉,你在苏联的大学读书,住的是洋学堂,我们中国还有个学堂,这就是农业大学、劳动大学。"毛泽东这里所说的"劳动大学",就是延安县柳林区吴家枣园,任课老师就是从1939年开始以"发展生产,自力更生"为口号的大生产运动中涌现的劳动模范——吴满有。1943年1月11日,《解放日报》发表社论,号召全体边区农民向吴满有看齐。"我现在给你送一个学生,他住过外国的大学,没上过中国的大学""他还是娃娃,我就拜托给你。你要教他种地,告诉他庄稼怎么种出来的,怎么多打粮食。"一段时间后毛主席这样对吴满有说。

吴家枣园位于城南燕沟村通往金盆湾的大路旁。到了去"学校"报到的日子,毛岸英在警卫员贺清华的带领下出发了。由于路途遥远崎岖,警卫员牵来一匹经历过长征的老黄马来给岸英充当脚力,但他心中装着父亲的教诲和期望,装着人民群众的疾苦,装着对这匹参加过长征、对革命做出过贡献的老黄马的敬畏,坚决地说:"这就是劳动的开始,我要步行去。"就这样,警卫员一路牵着老黄马,岸英自己则背着一斗口粮,靠着一双脚徒步20公里到吴家枣园接受劳动教育。

来到吴家枣园的第二天，毛岸英顾不上休息，就开始了正式的拜师学艺，一大早便跟着"师傅"上山开荒。由于岸英早年四处漂泊，没有开荒种地的经验，一双握笔的手在锄头面前显得笨拙无力，但是他抱定吃苦耐劳的决心，咬牙坚持，向师傅虚心请教、刻苦练习，手掌不久便磨出几个大血泡。吴满有劝岸英休息，他却说："你们一辈子都这样辛苦地劳作，我这点血泡算什么？"说着把手用破布包扎好，拿着工具就又干了起来。在跟吴满有拜师学农的日子里，毛岸英很快学会了开荒、播种、除草、铺场、碾场、扬场等农活，俨然成长为一个能够独立进行农业生产的农民，获得了吴满有的高度评价："岸英是个好娃，勤快又肯动脑筋，没有问题。"

1946年，国民党反动派在美帝国主义援助下向中原解放区发动大举进攻，全面内战爆发了。由于军事形势变化，毛岸英于1946年秋提前结束了"劳动大学"的学习课程，回到父亲身边。看着经过几个月劳动大学历练的岸英壮实的肩膀，摸着他双手上突起的一层厚厚老茧，毛主席十分欣慰地说："你毕业了，手上的这层老茧——这就是你在劳动大学的毕业证书！"1946年，吴满有生产粮食60多石，成为延安时期陕甘宁边区名副其实的富农。对于生产成果，吴满有说："这里有毛主席人家娃娃的功劳呢！"毛岸英是延安时期深入工农群众的青年典型。延安时期，中国共产党极为注重将青年成长与人民群众生活、国家民族命运紧密结合起来，让每个青年都能上"劳动大学"就是一个有效的方法。在延安这个革命大熔炉中，广大青年逐步成长为具有坚定理想和革命意志的无产阶级战士。

青年是革命的重要力量，青年的成长关系着国家民族命运。在国家危难、战火纷飞的时代，中国共产党积极号召广大青年深入工农群众，投身于组织动员群众、凝聚革命力量的实践。中国共产党深信，只有与人民群众一道，才能真正实现中国革命的目标。正如毛泽东所言："青年们一定要知道，只有动员占全国人口90%的工农大众，才能战胜帝国主义，才能战胜封建主义。现在我们要达到战胜日本、建立新中国的目的，不动员全国的工农大众，是不可能的。"毛泽东号召青年要到工农群众中去，把占全国人口90%的工农大众动员起来、组织起来。做到领导群众的人，依然是群众中的一员，来自群众，为了群众，不能自我标榜，而是要积极向群众学习。

  深入社会实践是青年人成长成才的必经之路，也是中国共产党教育引导青年的一贯方针。2016年12月7日，习近平总书记在全国高校思想政治工作会议上讲话指出："要重视和加强第二课堂建设，重视实践育人，坚持教育同生产劳动和社会实践相结合，广泛开展各类社会实践，让学生在亲身参与中认识国情、了解社会，受教育、长才干。"新时代，青年人更应该像毛岸英那样，上"劳动大学"，上中国的"社会大学"，在实现中华民族伟大复兴的伟大征程中，既要有干事创业、勇于奉献的激情，更要有脚踏实地的作为和埋头苦干的精神。

2021年2月于西安

赓续红色血脉　做引领时代的中国青年

| 赵俊鹏

（2020级中国近现代史基本问题研究专业博士研究生）

夕阳辉耀着山头的塔影／月色映照着河边的流萤／春风吹遍了坦平的原野／群山结成了坚固的围屏／啊／延安／你这庄严雄伟的古城／到处传遍了抗战的歌声／啊／延安／你这庄严雄伟的古城／热血在你胸中奔腾／千万颗青年的心／埋藏着对敌人的仇恨……

这是延安青年莫耶所写的著名歌曲《延安颂》，这首歌唱出了知识青年奔向延安，投身革命事业的感动、喜悦和骄傲。

莫耶生长于福建一个富裕家庭，1937年淞沪会战爆发，国民党军队节节败退，当时在上海书店工作、不愿当亡国奴的她，举目四望，发现唯有延安还是净土。同年10月，莫耶毅然奔赴那个让她思之若狂的延安。莫耶说："对于我这个19岁的女青年，延安，是孕育乐观向上性格的深厚土壤，是培育革命乐观主义精神的温床。"来到延安的莫耶进入抗大第三期，学习马克思主义基础理论和抗战军事政治方面的知识，从而对共产党的革命路线、对国民党的反动本质有了更深刻的了解。她在学习中成长，在战火中洗礼，在人民中奋战，在青春时挥斥方遒，最终成长为有奋斗激情、有理想信念的共产主义战士。毛泽东指出："不论是知识分子，还是青年学生，都应该努力学习。除了学习专业之外，在思想上要有所进步，政治上也要有所进步，这就需要学习马克思主义，学习时事政治。没有正确的政治观点，就等于没有灵魂。"青年是意识形态锻造养成的关键时期，知识青年虽有着一腔热血，但大多数对马列主义，对蒋介石集团假革命真反动的嘴脸认识并不深刻。为了让知识青年成长为革命的真正"利器"，延安先后组建了抗日军政大学、陕北公学、鲁艺、安吴青训班、西北青年救国联合会、陕甘宁边区文化协会以及"战歌社""战地社""延安诗社""新哲学学会"等提升青年觉悟、掌握抗战理论的学校、社团。青年在学习中蜕变，并以青年之我投身于革命之中，一些青年为了中华民族的革命事业甚至牺牲了自己的生命。

在这过程中，发生了很多动人的故事。1937年在成都读中学的张露萍参加了"中华民族解放先锋队"四川总队，积极投入抗日救亡宣传活动。同年11月，为了寻求革命真理，张露萍奔赴延安，并在学习1年后受委派进入中共中央南方局。不久后，她就接到组织安排的任务：联络已打入军统机关内部的张蔚林、冯传庆。其间，张露萍等人多次出色地完成了革命任务。1940年因身份暴露的张露萍不幸被捕，穷凶极恶的戴笠对张露萍用尽酷刑，却始终没有从张露萍口中获得任何机密。1945年7月，年仅24岁的张露萍英勇就义。延安是中国革命的摇篮，中华民族伟大复兴在这里起航。延安的广大青年肩负抗日救国、民主建国的历史使命，以青春之躯、青春之我投身于新民主主义革命征程，是中国革命星火燎原的红色之火。他们身上有深厚的家国情怀，以青春之信念为救国救民而奔走；他们有敢于牺牲的奋斗精神，以青春之热血书写民主独立的革命追求；他们有脚踏实地的苦干精神，用青春之汗水浇铸民族复兴的革命理想。

白衣苍狗，烽火岁月早已远去，我们迎来了全面建设社会主义现代化国家的新征程。赓续红色血脉、饱含理想追求的有志青年不断擘画着与国家上下一心的奋斗图景。"为有牺牲多壮志，敢教日月换新天。"脱贫攻坚战中"倒"在路上的扶贫干部张小娟、黄文秀等，以生命书写了为实现人民群众美好生活，矢志奋斗的时代青年形象。新时代的青年人始终铭记中国共产党人以坚定的政治立场、以不屈不挠的奋斗精神争取人民解放、民族独立和国家富强的光辉事迹，始终怀揣着为党和国家事业拼搏终身的赤子之心，并将浓浓的爱国情怀付诸争取中华民族伟大复兴的伟业之中。与以往不同的是：受奴役、被压迫的历史一去不复返了，中国青年与时代同频共振，正如习近平总书记所说："70后、80后、90后、00后，他们走出去看世界之前，中国已经可以平视这个世界了。"新时代的中国青年正身逢盛世，也必将成为时代的引领者和建设者。让我们铭记革命前辈的英勇事迹，谨记总书记的殷殷教诲，以实际行动展现担当作为，在全面建设社会主义现代化国家新征程中乘风破浪、勇往直前！

2021年3月于西安

第六章

教育报国
笃力践行

心有大我、至诚报国的理想信念

于维佳

（2022级马克思主义发展史专业硕士研究生）

说起报效祖国，不知你会想到谁？是"清澈的爱，只为中国"的陈祥榕烈士，是"青丝三年变白发"的中国疾控中心流行病学首席专家吴尊友先生，还是拥有"禾下乘凉梦"的杂交水稻之父袁隆平院士……各行各业总会有这么一群人，他们心怀至诚报国的梦想，用满腔热血乃至生命之躯浇筑成历史的丰碑。而在教育界同样有这样的人，以教育报国为之初心，以培育新人为之使命，坚守岗位，无私奉献，真正彰显着心有大我、至诚报国的理想信念。

将"小我"融入"大我"，以教育报国不仅是教育家精神的核心，也是陕西师范大学"西部红烛 两代师表"精神的一种体现。如今在第二个百年奋斗目标的新征程中，作为未来人民教师的后备力量，新时代对青年，特别是对新时代的师范生提出了更高的责任要求。如何心怀报国之志，以自身之力为教育强国做出卓越贡献？我们作为陕西师范大学的青年，又如何将"西部红烛 两代师表"精神同教育家精神的核心结合起来，为教育报国的具体实践注入灵魂动力？

一、明晰"大我"内涵，超越"小我"观念

心有大我、至诚报国的理想信念最初是习近平总书记对黄大年同志先进事迹做出重要指示时，褒扬其爱国情怀而提出的。它居于教育家精神的

首位，是教育家精神的核心。心有大我、至诚报国的理想信念，蕴含着将"小我"融入"大我"的理想追求。"小我"即为个人，代表个人利益；"大我"即为集体，代表社会、国家利益。

在陕西师范大学化学系，有一位名为张莎莎的校友。小时候她心中的"我"是家庭，即希望通过上学努力读书成才，将来可以为辛劳的父母撑起一片天。但随着自身的不断成长，张莎莎心中的"我"逐渐有了更多的模样。故事还要从她14岁那年说起，因支撑全家生计的父亲突然患病，家里的经济状况越来越窘迫，就在面临辍学的绝望之际，是班主任王老师奔走劝说，帮忙想办法，找政策，动员捐款，让她一家人渡过了难关。这是张莎莎第一次感受到教师这个职业的伟大，也正是在这时，她心中的"我"有了家庭与社会之分，有了大、小之别。后来她以优异成绩考入当地最好的高中，经过3年刻苦努力，最终被陕西师范大学化学系录取，正式踏上了公费师范生的道路。"是国家公费师范生政策和一路支持帮助我的老师让我圆了大学之梦，家乡还有很多像我这样的孩子，我想通过自己的努力帮助更多孩子走出大山。"为此，张莎莎放弃了留在大城市工作的机会，毅然决然地回到了地处祖国西部较为落后的家乡安康。她舍弃了个人休闲娱乐和陪伴父母孩子的时间，将更多的精力用来听课、备课和进行家访。此时支撑她坚持下去的，已经不仅仅是为回报父母而成为教师的"小我"热爱，而是回应祖国呼唤和人民需要的"大我"情怀。

"大我"与"小我"并非对立冲突，而是相辅相成、辩证统一。因为秉持着将"大我"放在第一位的奉献精神，张莎莎得以成全个人"小我"，在教育行业中脱颖而出，获得2021年全国"最美教师"的荣誉。将"小我"的个人理想融入"大我"的共同理想之中，将饱含集体主义情感的"大我"融入内心，化作一种自觉追求，是新时代对每一位教师提出的必然要求。教师的"我"如何定位，对于学生成长、教育发展和民族未来有着重要影响，只有当青春同党和人民的事业高度契合时，"小我"的前景才会更加广阔，"自我"的能量才能充分迸发。

二、提升自身素质，涵养报国之能

在明确了"心有大我"的信念追求后，提升自身素质，涵养报国之能就成为"至诚报国"的必然要求。习近平总书记强调"有高质量的教师，才会有高质量的教育"，教师的工作是塑造灵魂、塑造生命、塑造人的工作，承担着庄严而神圣的使命。因此，教师不能空有报国之心而无报国之才。

在张莎莎的大学恩师——房喻教授看来，无论是学术的发展，还是高层次人才的培养，都必须有扎实的基础做后盾。青年房喻作为当年恢复高考后的第一届大学生，自进入大学起就保持着对学习的热情，成绩在班级中一直名列前茅。他认为学习是自己的事情，归根结底要靠自觉。为了尽可能地提升个人的知识素养，他将自由支配的时间几乎全部都用来"泡"图书馆、每晚睡前都在脑海中过"思维导图"、每周末也会对学习内容做梳理；工作后，房喻只要不出差，每天都会很早到办公室开始学习研究。尽管家就在校内，但为节省更多的时间，他一般都坚持带饭到办公室用餐，晚上也是很晚才回家；如今的房喻教授作为中国科学院院士、国家级教学名师，尽管已年界高龄，但他仍会在工作间隙阅读大量书籍加强个人修养。用他的话说："自然科学工作者必须保持一定的人文素养，而阅读，就是获得这种人文素养的最好途径。"

师范生作为未来教师队伍的主力军和生力军，其思想品质、道德情操、专业学识与能力素养直接关系到我国教育事业的未来，关系到能否顺利实现教育强国的历史性转变。尽管当下我们还未真正站上讲台，但终有一日会彻底转变身份，承担起肩上的育人重任。当下的知识与技能只能支撑我们在未来职业发展中度过一小段时间，因此在终身学习中提升报国之才，时刻保证自身理论素养和教育水平的先进性，是教育报国的必然要求。

三、传承教育薪火，躬耕西部实践

心有大我、至诚报国的理想信念，最终要落脚到教育报国的具体实践。为党的教育事业培育时代新人、办好人民满意的教育、加快推进教育现代化、建设教育强国等要求，成为时代征程的崭新图景。对于我们陕西师范大学学子来说，"西部红烛 两代师表"精神中的教育报国与教育家精神的核心不谋而合，而扎根西部则为我们指明了报国的方向。与东部发达地区相比，祖国西部基础教育仍然落后，这里便成为我们贯彻报国信念、施展报国才干的最好舞台。

陕西师范大学首届国家公费师范生王晓明，怀揣着投身家乡教育事业的一腔热忱，回到了地处祖国西南山区的临沧市第一中学，在基础教育教学一线深耕细作、不断学习，勇于尝试、发挥引领，为山里的孩子撑起了一片天，为祖国西南边陲的教育事业贡献着自己的力量；毕业于文学院的吕晓斌，选择在祖国西部格尔木当老师，她默默耕耘、甘为人梯，始终牢记当年报考陕西师范大学的初心，愿为格尔木孩子的成长尽绵薄之力；全国第一批定向西藏生张毅，在西藏自治区那曲地区中学（后改名为那曲市高级中学）十几年如一日地坚守教师岗位，尽管流传着"远在阿里，苦在那曲"的说法，但他为了自身扎根西部的报国情怀、为了改变当地学生的困苦命运，放弃了多次调离的机会。毕业了到西部去、到基层去、到祖国和人民需要的地方去，是一代又一代陕师大学子的坚定信念。在"西部红烛 两代师表"精神的感召下，在心有大我、至诚报国理想信念的指引下，越来越多的师大毕业生选择到祖国西部奉献最美的青春。

心有大我、至诚报国的理想信念不是一句口号，而是支撑一代代教育家秉烛铸魂的真正动力源泉。作为人民教师的后备力量，希望你我都能在教育报国的具体践行中，为民族复兴伟业做出新的更大贡献。

2024 年 2 月于哈尔滨

言为士则、行为世范的道德情操

苏雯雨

（2021级思想政治教育·师范班）

当提到"教师"这一职业时，你会想到什么？蜡烛、阶梯、航标？"三尺讲台育桃李，一支粉笔谱丹心""春蚕到死丝方尽，蜡炬成灰泪始干"，这些赞颂教师高尚品德的名句，我们自幼耳濡目染，也在亲身感受中体会字词句中的真谛。扎根乡村的云南省"最美教师"马琼郭曾说："小时候惊叹老师博学多才，上能当'法官'、下能修课桌，也能感受到老师的用心用情，这让我萌发了成为一名教师的人生理想。"在求学历程中，许多人因受到优秀教师的影响而明晰了人生目标、努力方向。

一、什么是言为士则、行为世范？

"言为士则、行为世范"出自《世说新语》，意指某人的言行足以成为知识分子效法的准则以及世人的典范。学高为师，德高为范。教师唯有过了师德师风这第一道"质量关"，具备言为士则、行为世范的道德情操，才能准确领悟教育家精神的内涵精髓，才有资格做"经师"和"人师"的统一者，做学生为学、为事、为人的"大先生"。

"师也者，教之以事而喻诸德者也。"道德示范、道德引领既是教师做到为人师表而必须坚守的第一要义，也是履行授业解惑职责而必须坚持的前提。伟大的思想家、教育家孔子，堪称言为士则、行为世范的楷模。在长期的授教生涯中，他把"见贤思齐焉，见不贤而内自省也""其身正，不令而行；其身不正，虽令不从"等作为修身立德的最高境界和精神追求。孔子的言传身教，对一大批弟子产生了重要影响，同时也成就了他们。

在孔夫子身上言为士则、行为世范，体现出该精神的共性特点，严格遵守共同意志的师德师风，共同促进国家教育发展。在中华民族的历史长河中，德高为范的精神追求从未因时空环境的变迁而发生变化。如今，一大批优秀教师秉承言为士则、行为世范的古训，不断完善改进自己的教育理念，以高尚的道德情操引领着一代又一代学生成长发展。用生命点滴书写人生精彩华章、牢记立德树人使命的大山"最美教师"张桂梅，坚守教书育人第一线、爱教爱生、无私奉献的高至凡等，都是优秀教师的代表。他们用行动诠释了什么是学为人师、行为世范，感染了更多青年教师，影响了无数学生。实践证明，有大德的老师才能教出有大志、有大我的学生，才能在传道授业中引人以大道、启人以大智，实现立德树人的根本任务。

二、如何看"士则""世范"？

陶行知也是一位既有言教，更有身教的人民教育家。他律己甚严，以身作则。古人讲"吾日三省吾身"，而陶行知则"每天四问"。1942年7月，他在重庆育才学校3周年纪念会上提出"四问"的内容，就是每天要反躬自问身体、学问、工作和道德上有没有进步，进步了多少。他认为道德是做人的根本，没有道德的人，学问和本领越大，就越会为非作歹、残害人民。

育才学校是陶行知和全校师生赤手空拳办起来的，有时几乎无以举炊，陶行知四处张罗，左支右绌，迫不得已就停止体育锻炼，每天改吃两顿稀粥，以勉强维持生活。在这样艰难的情形下，有人劝陶行知把育才停办了，他坚决不答应。他发动全校师生走街串巷，向社会各界热心人士募捐，以渡过一个又一个难关。陶行知带头外出募捐，并宣布一条纪律：募捐来的钱涓滴归公，在任何情况下，任何人不得借故挪用分文。他自己是这样说的，也是这样做的。他的上衣有两个口袋，一个放公款，一个放私款。有一次他到远处去募捐，走访了好多地方，募捐了不少现款，口袋里装得满满的。在归途搭车时，忽然发现放私款的那个口袋里一分钱也没有了。他当时就有一个坚决的想法：决不挪用公家一分钱，尽管一天奔波下来，既疲惫不堪，又饥肠辘辘，但仍坚持从 10 里外步行回校。当育才学校师生听到这个消息后，都非常感动，赶到陶行知先生的住处慰问时，陶行知跟大家讲起韩非子在《喻老》中所说的一个比喻："千丈之堤，以蝼蚁之穴溃；百尺之室，以突隙之烟焚。"在现实生活中，小漏洞往往可以酿成大灾祸，千万不要以小失大。陶行知就是这样"以教人者教己"，在"建筑人格长城"中以身作则做到不留一点空隙。

三、"士则""世范"，重在言谨行慎

教师不仅要传授专业知识，还要以德立身、以德立学，形成言为士则、行为世范的自觉。唯此，才能把为学、为事、为人统一起来，当好学生成长发展的引路人，不负为党育人、为国育才的时代使命。

教育家需要的不是刻意"打造"，而是蓬勃生长的"土壤"。当教育家精神成为一个群体共同追求和践行的"普世价值"和积极形态时，新时代的教育家自然应时而生。因此，要让教育家精神成为教育强国建设新征程上催人奋进的精神旗帜和精神力量。

作为一名师大学子，要发扬"扎根西部、甘于奉献、追求卓越、教育报国"的"西部红烛　两代师表"精神。作为一名未来教师，我们要带着这种追求卓越的精神，发扬教育家精神，并将之应用到未来的教育实践中去，融入教师的精神世界之中。唯有经历重重深度转化，教育家精神最终才能融入教师的灵魂，变为教师的精神底色和支柱。作为一名师范生，一名未来的"红烛"，要涵养言为士则、行为世范的道德情操，弘扬教育家精神，坚定理想信念，扎实学好知识，向着新时代优秀教育者的目标出发，早日为教育事业发出自己的光和热！

2024 年 2 月于西安

启智润心、因材施教的育人智慧

林 田

（2023级思想政治教育·卓越教师实验班）

近年来，随着人工智能（AI）被越来越多的人作为工具在日常工作生活中高效使用，有很多人会担心，AI所展现出来的能力已经能胜任一些人的工作内容，我的职业在未来有没有可能被AI取代呢？有研究者基于数据体系分析了365种职业在未来的"被淘汰概率"，其中，教师这一职业被机器人替代的概率是最低的。这就促使我们对教师这一职业产生更深的思考，"教师"这一职业究竟有什么独特之处，使其能够在人类历史上赓续千年，始终无可取代？对比输出知识十分迅速高效的AI，教师如今的存在价值又该如何彰显？面向未来，作为师范生的我们要以怎样的教育给予时代答案？

习近平总书记致信全国优秀教师代表提出了教育家精神的内涵，教育家精神的第三个方面提到，教育家应具有启智润心、因材施教的育人智慧，这就启示我们，老师的价值作用应该远不止像AI那样输出知识、提供答案。教师何以无可取代？我想，我们可以从启智润心、因材施教的育人智慧中找到答案。

一、启迪智慧，做传授者更做引导者

作为教育家精神的重要组成部分，启智润心、因材施教的育人智慧与古代修身传统中的教育精神一脉相承。孔子是启发式教育的提出者，比如《论语·述而》中提到的"不愤不启，不悱不发"，即强调在学生充分进行独立思考的基础上，再进行启发和开导。这种启发和开导不是强制、盲目、统一的，而是基于对教育基本规律的洞察和把握，根据不同学生在认知能力、思维特点、情绪表达方面的差异进行引导。

当下，学生有无数途径、手段获取知识。当学生找到问题的答案越来越容易，对于他们来说，提出问题与独立思考的能力就显得越来越重要。所以知识获取越是迅速高效，我们反而越需要老师的存在，帮助我们构筑认知思维方式，拥有终身思考和学习的能力。而这正是"启智"的意义所在。

自建校以来，陕西师范大学培养了数十万教师扎根一线，红烛精神照亮西部教育，红烛教师启迪着孩子们的智慧之光。张莎莎老师就是其中的一员。

2012年张莎莎大学毕业，她毅然决然地回到了安康，回到自己的母校——安康中学任教。她说："是国家公费师范生政策和一路支持帮助我的老师让我圆了大学之梦，我也要用自己的关爱和付出，帮助家乡的孩子追逐梦想。"在教育工作实践中，张莎莎老师以扎实的教学能力和循循善诱的育人智慧，培养学生们的兴趣、启迪着学生们的智慧。张莎莎老师教授的化学是一门以实验为基础的科学，很多知识都来源于生活。为了让学生掌握化学知识，她经常想方设法用生活中的普通物品给学生做实验，同时经常鼓励学生走进生活、发现生活中的化学知识。有一次，为了让学生从本质上弄清楚胶体的本质和性质，她反复研究了近一周，最后设计了以面粉、碳酸饮料、豆浆、果冻等生活中常见物质为实验材料的一堂化学课，让学生既学到了化学知识，同时也真切感受到学习化学的乐趣。

这是西部红烛育人智慧的生动展现，做传道授业解惑的传授者，更要做学生索求知识的引导者，循循善诱、润物无声、启迪智慧。

二、因材施教，重视个性指导与关怀

适合的教育才是最好的教育。倾听每一种声音，尊重每一个学生，读懂每一个孩子的心，方能做到一把钥匙开一把锁。做到有教无类、因材施教，从而促进学生全面发展，实现人才培养多元化目标。

在云南楚雄工作的普桂萍老师，以27年的特殊教育实践真正诠释了因材施教的意义。1997年作为陕西师范大学特殊教育专业的首届学生毕业后，她回到家乡楚雄任教，自此踏上了一条与残障孩子相伴相知的不凡之路。在特教学校工作的20多年里，普桂萍老师和她的同事们以因材施教的育人智慧，发现并支持着学生的兴趣与特长，培养了一批又一批优秀残疾学生，他们当中有前国家聋人女子篮球队队长、国家一级运动员，有出访过瑞士的聋人画家，有马可波罗陶瓷公司优秀设计师，有闻名乡里的致富能手……这些残疾孩子不但成为自食其力的劳动者，还为社会做出了积极贡献。

这是西部红烛因材施教的育人智慧在教育实践中落地开花的生动展现，倾听每一种声音，尊重每一个学生，细心的个性关怀与指导照亮了孩子们的兴趣与梦想。

三、润泽心灵，敞开爱、温暖与希望

教育蕴含着无穷的力量。习近平总书记同北京师范大学师生代表座谈时深情地说："教过我的老师很多，至今我都能记得他们的样子，他们教给我知识、教给我做人的道理，让我受益无穷。"

我国情感教育首倡者朱小蔓教授曾这样解释教师的情感素质："教师的情感人文素质是以教师的生命阅历与经验、人文阅读与体验、人文理解与思考为素质底色而发育、生长出的积极、正向的情感状态。"好的教育带有爱的意向性，是师生间的情感互动与双向奔赴，给人以回甘绵长的生命体验，而这正是教育最具魅力的地方。

张莎莎的班上有个学生在校时常常沉默寡言，不愿和别人交流沟通。有段时间，这个孩子经常找理由请假。张莎莎放心不下，及时进行家访。原来这个孩子从初中开始就是一个人单独生活，原本单亲的母亲即将重组新的家庭，他担心从此会失去家庭的温暖和关心。这不禁让张莎莎想起了自己曾经也是一直在外读书，远离父母，非常渴望家庭的温暖和关心。于是常常和他交流，以欣赏的眼光发现他的特长和爱好，鼓励他勇担责任，鼓励他融入班级，鼓励他感恩母亲，并尝试接受新的家庭。后来，这个孩子逐渐开朗起来，学习也不断进步。他在一篇周记《阿莎小姐》中写道："感谢莎莎老师，在我将要跌落的时候拉了我一把，改变了我的人生。"

好的教育便是这样，饱含着教师的尊重与温情，能够像光一样照亮学生的心灵，永远为学生提供正确的明确的价值指引、积极正向的情感力量。

最后，再回到我们最初的话题，AI可以取代人类教师吗？

有部电影里的台词曾让我印象深刻："人类早就可以坐太空船去月球，但永远无法探索别人内心的宇宙。"

AI也许能即时回复，能大量输出知识，但当我们说起"老师"，我们会想起的，是每一位从我们的童年和青春真实地走过的老师，也许他们的哪一句话真正地启迪了我们的智慧，对我们的整个人生产生了深远的影响；也许他们的哪一个举措真正润泽了我们的心灵，多年后再回想，仍会重获温暖与感动，而更添一份前行的动力。是他们用发自内心的爱与热情，真正唤醒了我们，丰盈了个体生命。这些鲜活地存在在我们记忆里的，属于老师们的智慧、情感、爱与奉献，我想，是所谓AI无论如何都无法学会的。

在80年的奋斗征程中，一代又一代陕西师大人接续前行。以"西部红烛 两代师表"精神为指引，他们奔赴祖国最需要的地方，在甘肃临夏，马自东毕业后一直倾心民族教育；在陕西山阳，仰孝升扎根山区，用一辈子的坚守诠释了普通教育工作者的使命与担当；"红烛苗圃"实践育人团队跨越千里，触摸祖国最遥远的山海；研究生支教团自1998年起，前往各地开展支教工作，播撒知识火种，燃起希望曙光；"景谷模式"教育扶贫书写了教育脱贫攻坚的高校样本；"银龄教师"退而不休，背起行囊，奔赴西北，重新站上三尺讲台，身影依然挺立，余热依旧滚烫……他们本领扎实、信仰坚定，他们用启智润心、因材施教的育人智慧，在一个又一个学生的心里播下知识与希望的种子。以红烛之光守教育初心，用一颗心唤醒另一颗心，用一份爱传递更多的爱，陕西师大人信念不改，坚守如初。

  教育家精神不是空话，它被每一位优秀的教师运用在教育实践中，储存在我们每个人的成长记忆里，好的教育带给我们的不只是知识，还有那之后历久弥新、回甘绵长的生命体验。新时代新征程上，学好、用好教育家精神，涵养启智润心、因材施教的育人智慧，以烛光润泽心灵，陕西师大人一直在路上。

2024年2月于西安

勤学笃行、求是创新的躬耕态度

王叶繁

（2022级思想政治教育·优师计划）

2023年9月9日，习近平总书记致信全国优秀教师代表，充分肯定全国广大教师的重要贡献，提出了中国特有的教育家精神，即"心有大我、至诚报国的理想信念，言为士则、行为世范的道德情操，启智润心、因材施教的育人智慧，勤学笃行、求是创新的躬耕态度，乐教爱生、甘于奉献的仁爱之心，胸怀天下、以文化人的弘道追求"，为广大教师凝聚教育价值共识、践行教育初心使命提供了根本遵循。那什么是"勤学笃行、求是创新的躬耕态度"呢？

一、勤学笃行、求是创新的重要内涵

勤学笃行、求是创新的躬耕态度不仅仅是一种宝贵的品格，更是知行合一的重要表现。学习教育家们的躬耕态度，要求广大教师严于律己、以身作则，潜心教育、持续求索。

先来看勤学笃行。正所谓"学问勤中得"，学问是通过连续的勤奋得来的。秉持勤学的理念和态度，能为教学源源不断输入新能量，也能通过对新知识、新问题和新技术的热情与好奇心，来影响学生树立终身学习的良好习惯。笃行，是将勤学到的知识转化为实际行动。知之愈明，则行之愈笃；行之愈笃，则知之益明。毛泽东在《实践论》中写下"读书是学习，使用也是学习，而且是更重要的学习"，十分贴切地概括了勤学与笃行之间的密切联系。

如果把勤学笃行看作是为求是创新打下实践的基础，那么求是创新就是教书育人的起点与目标。"求"即追求、探求，"是"就是真。求是，不仅是教育家们对客观规律和真相的把握，更体现着他们坚持真理的精神面貌。创新，是一个国家一个民族发展进步的不竭动力，也是教育事业不断前进的活力源泉。建设创新型国家，关键在人才；培养创新型人才，关键在教育。在真理的大道上坚持求索，展现新时代锐意创新的勇气、敢为人先的锐气和蓬勃向上的朝气！

广大教师要以严谨的科学态度对待教育问题，用创新的思路办法解决教育问题。在大数据、人工智能等新一代信息技术迅速发展的此刻，教育工作者要坚持创新思维，更新教学模式，适应时代变化；也要呵护学生的创新潜能，为中国式现代化建设培养创新人才。

二、勤学笃行、求是创新的师者风范

如今，一批又一批的优秀教师，以身作则践行着勤学笃行、求是创新的躬耕态度。

在河南省信阳市张广庙镇第一小学的操场上，有这样一位科学教师，正手把手带着孩子们做科学实验。他叫张建涛，作为一位村镇小学教师，他让"垃圾桶"变"无人机"，用饮料瓶制成"水火箭"，把一件件废弃物变成科学课上的宝贝，带着留守儿童玩转科学。

张老师把做实验的视频分享到网上，赢得了大家的广泛关注与喜爱。小小的科学实验能这么火出圈，离不开张老师坚持求索、不断创新的精气神。回忆科学实验的开始，张老师说："第一个实验叫风的形成，当时孩子们都非常兴奋。做完一个实验后，他们会问老师，下次啥时候再来实验室呀？看到孩子们渴望的眼神，当时我就决定，要把实验这个事情进行下去，坚持下去。"乡村小学条件有限，张老师就将身边的废弃物回收利用、

变废为宝。从模仿改良到独家原创，如今，张建涛积攒的"废物利用"小实验已经超过 100 个。他在实验中激发学生的科学兴趣和潜能，组织学生参加市、县青少年科技创新大赛，捧回多个奖项。

在这场双向奔赴的科学之旅中，张老师表示，科学素养的培养要从娃娃抓起，做实验一方面能激发孩子们的兴趣爱好，另一方面让他们也学会了用实验中学到的知识解决生活问题，科学的种子真正在孩子们心中悄悄发芽。妙趣横生的科学课是第一步，眼下，张建涛正琢磨着如何把科学课更深入地推广，打算编写科学实验教材，录制科学实验视频，让更多的孩子感受到科学的魅力。

不仅是张老师，还有无数优秀教师秉持躬耕态度，以勤勉奉献为"强国有我"写下生动注脚。从教 70 余年、为我国基础教育改革发展做出突出贡献的国家"人民教育家"荣誉称号获得者于漪先生，耄耋之年仍坚持站上讲台。她躬耕教坛、与时俱进，用行动践行"做了一辈子教师，但一辈子还在学做教师"，彰显了"师者为师亦为范"的境界。

"七一勋章"获得者、党的二十大代表张桂梅校长，扎根云南贫困山区 40 多年，推动创建了中国第一所免费女子高中。张校长坚定地走在帮助女孩们圆梦校园的道路上，以坚忍执着的拼搏和无私奉献的大爱，托起孩子们的未来。

扎根贵州山区，帮助大山孩子走出大山的全国"最美教师"称号获得者刘秀祥，面对大量贫困家庭的辍学孩子，坚持做学生的家长和朋友，让学生在存在感、获得感、成就感中重拾信心、重塑梦想，改变了无数家庭和孩子的命运。

三、勤学笃行、求是创新的吾辈担当

今年是陕西师范大学建校 80 周年，在这所扎根西部办教育的大学里，一代又一代师大人怀抱教育报国之志，用理想、信念与情怀，扛起西部教

育的大旗。作为教育部直属师范大学，陕西师范大学办学80年来，始终坚持教师教育办学特色不动摇，为基础教育培养各类毕业生30多万人；学校自2007年招收第一届公费师范生以来，共培养了近2.6万名公费师范毕业生，其中90%以上的公费师范生在中西部就业从教，在西部县级及以下地区和地级市城区就业从教人数近1.2万人，占在西部从教公费师范生总数的64.13%，撑起了西部基础教育的一片天。2021年国家实施"中西部欠发达地区优秀教师定向培养计划"，2022年起学校共招收1300名"优师计划"师范生，居部属师范大学之首。

身为红烛精神的传承者和践行者，我们也要以教育家精神的标准来严格要求自己，树立终身学习的理念，牢记为党育人、为国育才的初心与使命，以渊博的学识、躬耕的态度和实干的情怀砥砺向前。

"勤学"指向勤奋学习、勤于思考，"笃行"指向潜心探索、身体力行。在不断求索的道路上，我们要明白学无止境，不断把专业知识与躬身实践相结合，让扎实的知识功底与过硬的教学水平成为我们毕业后站稳讲台、教书育人的信心所在。

求是创新是教育的职责。身为师范生，追求真理、传播真知是我们的使命所在。在走上教师岗位后，要对学生充满好奇之心、对课堂充满热爱之情、对教育充满敬畏之心。我们也要做创新事业的一分子，坚持创新思维，善用优质教学资源，努力培养更多拥有创新能力的学生，为我国实现科技自立自强、建成科技强国的奋斗目标贡献一己之力。

秉持勤学笃行、求是创新的躬耕态度，以深厚渊博的学识、学无止境的精神、知行合一的品格、实干奋斗的情怀不断要求自己、追求卓越，正如我校"西部红烛　两代师表"精神所言："扎根西部、甘于奉献、追求卓越、教育报国"，以实际行动为祖国教育事业、人才事业、中华民族伟大复兴事业贡献力量！

新征程上，人们期待涌现更多勤学笃行、求是创新的"大先生"。广大人民教师要大力弘扬教育家精神，以精湛学识和创新理念，做求学问道的榜样与学生前行的引路人。我们也应当从教育家精神中汲取营养、感召力量，陶冶道德情操、涵养扎实学识、勤修仁爱之心，树立躬耕教坛、强国有我的志向和抱负，更好肩负起时代赋予人民教师的崇高使命！

2024 年 2 月于西安

乐教爱生、甘于奉献的仁爱之心

付 穗

（2023级思想政治教育专业硕士研究生）

在中央广播电视总台2023年网络春晚上，一群来自贵州山区的孩子演唱的一首《倔强》，给人留下了深刻的印象。清澈的嗓音，动人的音乐，被网友誉为"最纯粹的天籁"，他们就是来自贵州省六盘水市钟山区大湾镇海嘎小学的海嘎少年乐队。他们的故事，要从一名叫顾亚的老师说起。

在贵州的最高峰，海拔2900多米的韭菜坪半山腰上，这个贵州与天空最近的地方，海嘎小学坐落其间。因其海拔高，长年云雾缭绕，被当地村民称为"云上小学""贵州最高学府"。2016年7月，在大湾镇腊寨小学任教的顾亚，在与海嘎小学校长郑龙聊天中得知，海嘎小学因地处边远、冬季气候严寒、交通不便等，没有老师愿意留下来执教。当地村民无奈，只好带孩子在10多公里外的镇上租房陪读，由于经济负担较重，很多孩子读完小学或初中就辍学了。郑校长希望顾亚和他一起到海嘎小学，把学校办成一所完小，让孩子们在家门口就能从一年级读到六年级。从小在外漂泊读书的顾亚深知孩子们求学的艰辛，毅然决定来到海嘎小学，并向村民们承诺："我绝不会离开海嘎。"

顾亚曾经是一名摇滚乐队吉他手，他发挥自己的特长，创建了"乐器进课堂"的特色办学，带领孩子们学乐器，组建乐队，不仅增强了孩子们的自信心，还发掘了孩子们的音乐天赋。同时，他积极发动身边朋友和爱心人士捐款捐物，让学校的硬件设施得到了明显改善。如今，海嘎小学已有 12 名老师，一年级到六年级共 105 名学生，教学成绩在六盘水市的村小中名列第一，顾亚也兑现了当初的承诺，始终坚守在这里。2023 年 9 月 10 日，顾亚荣获全国"最美教师"称号。

2023 年教师节前夕，习近平总书记在致信全国优秀教师代表时提出了教育家精神，从六个方面阐述了教育家精神的内涵。顾亚用音乐托起了孩子们的未来，托起了贫困山区的希望，充分展现了乐教爱生、甘于奉献的仁爱之心。

一、乐教爱生、甘于奉献是一种态度

顾亚的选择也曾令人疑惑，好不容易考上大学走出大山，明明可以奔向远方追求音乐和梦想，为什么还要回到大山与它一生相伴呢？因为在我们常人眼里，教师只是一份职业，我们明明可以过上更好的生活，为什么还要选择这样艰苦的工作环境、这样清贫的职业呢？但总有人愿意去做，因为在他们心里，教育是一份事业，一份神圣的事业。

乐教爱生、甘于奉献是出于对教育事业的由衷热爱。爱是教育的灵魂，有爱才有责任，有责任才有奉献。只有对教育事业真切热爱，这份爱才能成为源源不竭的强大精神动力，才能化作长年累月的平凡坚守，才能在艰难险阻面前也能坚定地说出"我愿意"。在师大，有许许多多像顾老师这样选择躬耕艰苦地区教育事业的前辈。曾长春，毕业后在上海位育中学工作，2004 年因响应支教计划到了云南，最后放弃回到条件优越的上海，留教云南至今。他说："至今我都记得母校陕西师大'厚德、积学、励志、敦行'的校训，'抱道不曲，拥书自雄'的学风。何为'抱道'？就是自己要站上三尺讲台，站稳三尺讲台，站定三尺讲台，教书育人必须甘于平凡的职守。"打开学校主页，师大故事太多太多，"我在楚雄当老师""我在安康当老师""我在兰州当老师""我在镇安当老师"等等，祖国西部大地，到处都有师大人的身影。他们的名字连起来，就是一幅西部红烛的绝美画卷。西部教育美如画，红烛微光点燃了它！

二、乐教爱生、甘于奉献是一种责任

乐教爱生、甘于奉献是对学生尽责。学生是祖国的未来和希望，需要精心引导和栽培。于艰苦地区的孩子而言，教育是改变命运的重要机会。顾亚初到海嘎小学时，学校只有14名学生，很多孩子腼腆、自卑，眼神躲闪。孩子们的情况让同样来自农村的顾亚感同身受，他极力想改变这一切，奈何找不到合适的途径。闲暇时偶然弹起的吉他，却让他找到了这条苦苦追寻的路。音乐向孩子们传递了丰富的情感，激发了孩子们的想象力和创造力，让孩子们找到了生命的意义和力量。顾亚说："他们从一开始只是干巴巴地站在舞台上，到如今能放开自我地表演、演唱，是经过长期的教学和学习后才有了海嘎独特的台风，背后蕴藏的是翻山越岭的勇气与努力。"在这种快乐的心境下，孩子们不管是学习还是生活，都开始变得积极向上起来。顾亚发现，在见到了大山以外更广阔的天地后，他们最大的改变就是变得自信。借助音乐的桥梁，他们收获了许多陌生人的善意与掌声，这让他们变得不再胆怯，更有勇气面对未来的人生。教师身负教书育人的重任，以学生为中心是对教师的本质要求，"一切为了学生，为了一切学生，为了学生一切"不是一句口号，而是严格的职业操守。

乐教爱生、甘于奉献更是为国尽责。教育是国之大计、党之大计，办好人民满意的教育是我党矢志不渝的追求。党的二十大报告指出："坚持以人民为中心发展教育，加快建设高质量教育体系，发展素质教育，促进教育公平。"要加快义务教育优质均衡发展和城乡一体化，优化区域教育资源配置。在多种因素的影响下，长久以来，西部地区的发展相对而言比较落后，改变西部地区落后的面貌，推动西部大开发形成新格局，需要发展教育事业，强化人才支撑。国之大计总需要一个个平凡的人去推动，祖国教育事业的需要就是师大人的使命追求。在"西部红烛 两代师表"精神的感召下，一代代师大人选择扎根西部，教育报国，用热血践行师大红烛使命，谱写了一页页壮丽的红烛诗篇。远赴青海支教的"银龄教师"李学清说："我代表的不是个人，是陕西师大，是'西部红烛'，到祖国最需要的地方发光发热，是我们师大人的使命担当。"朴素的语言传达出陕西师大人教育报国的朴素信念，彰显了陕西师大人强烈的责任担当。

三、乐教爱生、甘于奉献是一种荣光

进入陕西师大校门，我们就可以看到八个大字——人民教师，无上光荣。教师的光荣在于何处？

生命的光彩并不在于它瞬时的不可一世，也不在于它的伟大与渺小，而在于它的价值。人的价值有自我价值和社会价值，人的真正价值在于对社会的贡献，在于通过自己的活动满足社会和他人的需要。2020年，曾经从没有毕业生的海嘎小学也迎来了第二届毕业生，孩子们蒙上顾老师的眼睛，将他带到了精心布置的教室，唱起了那首《再见》。

在满是不舍的音乐中，顾亚眼含热泪同孩子们拥抱告别，目送着孩子们一个个奔向远方，而他自己又转身回到教室，继续坚守在这三尺讲台，坚守在这大山深处，为山里的孩子们点燃希望，他也在这平凡的坚守中收获了不平凡的人生。如今，海嘎小学每年都有一支乐队毕业、离开，他们从这里带走的不仅是音乐和梦想，还有他们澎湃在血液里的自信和乐观。"春蚕到死丝方尽，蜡炬成灰泪始干。"教师的价值似乎就是如此，牺牲自己，成就学生，这也正是教师的意义所在、价值所在。

和顾老师一样，无数师大人选择了扎根在条件艰苦的祖国西部，是因为他们没有更好的选择吗？不是的，是因为他们将教育当作自己的人生理想。这是一种精神，是忠诚祖国、坚守担当的家国情怀，是淡泊名利、无怨无悔的崇高品质，是勇攀高峰、力争一流的奋斗品格，是矢志教育、初心不改的价值追求。也正是在这样的选择与坚守中，在成就了山区孩子和祖国教育事业的无私中，教师两个字也熠熠生辉，得到了社会的尊重和赞扬，教师的自我价值也在对社会和他人的贡献中得到实现。

也许，教育家精神并不只是属于某一个人，而是属于那一群把教育当事业，把个人命运融入教育事业、融入国家和民族发展的人。他们只是人

群中的少数，但产生的榜样力量却是无穷的。教育家精神是每一个教育热爱者、教育从业者的精神动能。"扎根西部，甘于奉献，追求卓越，教育报国"的"西部红烛 两代师表"精神，正是践行教育家精神的生动写照。作为师大人，我们中的大多数也会在不远的某一天走上讲台，我们能否秉持这一仁爱之心，去爱学生，爱教育，将这份爱化作几十年如一日的坚守、默默无闻的奉献、身体力行的耕耘。当我们做到了这些，我们也就成了西部红烛的一点微光；我们的身体里，也开始流淌承载了教育家精神的血液；无数的我们连起来，就是祖国明天的绝美画卷。

所以，当我们进入师大校门，再往右看，我们会看到另外八个字——西部红烛 两代师表。当我们真正理解了这八个字的深刻内涵，真正去担当这薪火相传的神圣使命，我们才会为自己可以成为其中一员而感到骄傲，才能由衷赞叹：人民教师，无上光荣！而我们要做的，就是发扬乐教爱生、甘于奉献的教育家精神，勤修仁爱之心，勇担师大使命，续写西部红烛荣光。

2024 年 2 月于遵义

胸怀天下、以文化人的弘道追求

叶 苗

（2021级思想政治教育二班）

"愿你偶尔会回想，一张张脸庞，永远是你生活的希望，不管前方的路多长，工作有多忙，我们会回到你身旁……"

近日，一首名叫《写给辛夷的歌》感动无数网友。这是高三学生为班主任辛夷庆生专门创作的歌曲，而班主任辛夷原名叫赵新怡，是我校汉语言文学专业毕业的杰出校友，在教育一线已耕耘10年的她，坚持用心用情上好每一节课，真心实意对待每一位学生。她是新时代弘扬教育家精神的生动注脚。

2023年9月，习近平总书记致信全国优秀教师代表，勉励广大教师大力弘扬教育家精神。习近平总书记对教育家精神丰富内涵的深刻阐释，为新时代建设高素质专业化教师队伍建设指明了前进方向，提供了根本遵循。作为未来教师的我们，应当怎么学习和理解教育家精神呢？

一、所弘何道：天下大义

坚持弘道追求，我们首先要明确"所弘何道"的问题。对于这一问题的回答，习近平总书记已经给出了时代的答案，即"胸怀天下"的天下大道和"以文化人"的传统师道。"天下"是中华民族独有的概念，生动彰显了中华民族天然具有的天下意识、大同理想和世界视野。从"修身齐家治国平天下"的家国情怀，到"大道之行，天下为公"的美好愿景，再到当下"教育为公,以达天下为公"的育人理念,无不折射出胸怀天下的高尚追求。

如果说"胸怀天下"体现了中国教育家的大视野、大担当和大情怀,那么"以文化人"则是中华传统师道在新时代熠熠生辉的生动彰显。从"关乎人文,以化成天下"的人文力量,到蔡元培先生"思想自由,兼容并包"的教育理念,再到当下于漪老师提出"理想就在岗位上,信仰就在行动中",一批批中国教育家们在以文化人、以文育人的价值引领下,做好人类灵魂的工程师、人类文明的传承者,引导一代代中国青年努力成为有理想、敢担当、能吃苦、肯奋斗的国家栋梁。

新时代,教师应在坚守"胸怀天下"的天下大道和"以文化人"的传统师道中做好"大先生",在精于"授业""解惑"的教书职责中,落实"传道"的责任和使命。

二、为何弘道:立德树人

终身之计,莫如树人。回望历史长河,关于"为谁弘道"这一问题,宋代张载提出的"为天地立心,为生民立命,为往圣继绝学,为万世开太平"彰显了古代教育家深沉的天下情怀和长远的使命抱负;近代教育家竺可桢认为"教育的目的,不但是在改进个人,还要能影响于社会",体现了近代教育家坚持立于救国救民的时代潮头,以师者的弘道追求激发学生的爱国情怀和理想追求。在当下,师者弘道的内容被赋予新的时代特征,但不变的是弘道追求的民族内核和中国底色。

师者弘道,是为教育大计,是为祖国未来,更是为了人类命运。立足百年变局,教师应当以天下为价值基座,弘扬和践行全人类共同价值的责任和担当,同时立足中国立场,坚持用中华优秀传统文化启智润心,才能源源不断地为强国建设和民族复兴提供教育力量和人才支撑。

三、以何弘道：师者践行

所谓师者，授知识、立师德、弘大道，需要久久为功的坚守和一以贯之的努力。习近平总书记深刻指出："一个优秀的老师，应该是'经师'和'人师'的统一，既要精于'授业''解惑'，更要以'传道'为责任和使命。好老师心中要有国家和民族，要明确意识到肩负的国家使命和社会责任。"那我们将来作为教师，又该"以何弘道"呢？让我们一起来听听教育家于漪老师的理解——

我们要将"教育家精神"这六个方面切实贯彻到教育教学的实际行动中，才能破解当下教育事业中的现实问题，在坚持胸怀天下的同时，传承好、发扬好中华传统师道，才能汇聚成强大的精神纽带，回应好"以何弘道"的重要问题，回应好党和人民的需要和期盼。

教育家精神是历史传承，更是当下鞭策，是高位引导，是成长动力。建设教育强国的新征程上，弘扬教育家精神，不是要求每一位教师都成为教育家，而是鼓励每一位教师都能够在追求教育家精神中坚守初心、牢记使命，在新时代的每一个"当下"、在教育教学的每一个"片段"、在为人为己的每一个"瞬间"中知行合一，砥砺奋进。我们都可以成为无愧于自己、无愧于时代、无愧于人民的"教育家"。

2024 年 2 月于遵义

公费师范生的追梦之旅

马秀梅
（2020级思想政治教育二班）

百年大计，教育为本。党的十八大以来，我国教育事业取得历史性成就，发生历史性变革，这是我国教育史上的10年巨变。教育大计，教师为本。这10年教育变革的背后，离不开党、国家政策的支持和教师群体的共同努力。2007年起，为培养造就大批优秀教师和教育家，扶持中西部基础教育，我国在六所部属师范大学实行师范生公费教育政策。这个政策的实行，给很多家境贫困的大学生提供了上学机会。同时，也为教育欠发达地区源源不断地输送着优良师资力量，促进了教育公平。

一、梦的开始：寻找首届公费师范生

公费师范生群体和教师一样，拥有着一个共同的梦想——致力于培养实现中华民族复兴伟业的"梦之队"。赵海龙老师，毕业于陕西师范大学，是首批国家公费师范生。

毕业后，赵海龙始终牢记母校"西部红烛 两代师表"精神，扎根西部，教育报国。在大家都认为他在省会城市发展已经顺风顺水的情况下，赵海龙却做出了一个决定：到条件艰苦的高原去。他应聘成为青海省果洛州玛沁县第一民族中学的校长。果洛州域内平均海拔4200米，大多数人在这个海拔都会面临高原反应。同时从省会西宁到果洛大概530公里，开车需要七八个小时，这就意味着他不能每天回家。在做出这个决定的时候，他的第一个孩子才两岁,第二个孩子刚刚出生。对赵老师而言,这实在不是一个容易的抉择,但他依然选择出发。

高原的冬天格外寒冷,温差变化巨大,但冬日的校园里总能看到赵海龙的身影。玛沁一中的学生全部来自周边村镇的牧民家庭,基本都是藏族,孩子们很多都没有走出过草原。赵海龙深入调研,了解学校存在的各种问题,提出办有温度的教育,促成高原孩子们的美丽蝶变。他说:"从事自己喜欢的职业是幸运,有一个平台来施展抱负是幸运,看到高原孩子一天天进步是幸福,所有这些,让我无比充实。"在赵海龙的带领下,玛沁一中发展得越来越好,赵海龙的梦想也在高原熠熠生辉。如今,他已在西部教育一线从教 10 个年头。在这 10 年间,他多次被评为优秀教育工作者、优秀教师。

二、梦的实现:圆我的梦,也圆他们的梦

2021 年,张莎莎被授予全国"最美教师"称号,在全国仅有的 10 名获奖者之中,只有她是作为全国近 10 万公费师范生优秀代表获此殊荣的。张莎莎是 2008 年被陕西师范大学提前批次录取的公费师范生。大学毕业后,她放弃在大城市工作生活的机会,回到家乡,扎根在秦巴山区集中连片特困地区的安康中学任教。

让一些人感到疑惑不解的是,张莎莎为什么一定要回到贫困的家乡去呢?其实,这个选择与她的成长经历和公费师范生政策息息相关。张莎莎出生在陕西省一个普通农民家庭,家境贫困,在成长路上,她得到了很多老师的帮助。高考前夕,她曾担心因经济困难而上不了大学。这时,班主任告诉她国家有"公费师范生政策",大学学费全免,每个月还有生活补贴。对她来说,这个消息就是"及时雨",她眉间染上了喜悦,她真切地感到自己的梦想即将实现。在"最美教师"的颁奖仪式上,她说:"是国家公费师范生政策和一路支持帮助我的老师让我圆了大学之梦,我也要用自己的关爱和付出帮助家乡的孩子追逐梦想。"大学毕业后,她选择回到

自己的母校安康中学任教。

张莎莎是一名公费师范生，是国家政策的受益者，在"公费师范生"这个政策的支持下，她圆了自己的梦想。"喝水不忘挖井人，辉煌不忘扶我人"，任教之后，她满怀感恩之情，秉持教育初心，不断学习，努力以学识、温情、仁爱、奋斗做一名人民满意的教师。她还经常向学生介绍自己的成长过程，给学生推荐国家公费师范生政策，鼓励学生积极报考师范专业，争做乐教、适教、善教的新时代青年筑梦人。

三、梦的追寻：新的征程，新的追梦人

"公费师范生"这个群体，为祖国教育事业的发展贡献了力量。他们牢记师范生的责任与使命，坚持为基础教育服务。作为一名公费师范生，作为这个群体的一员，我深感荣耀。对"教师"这个太阳底下最光辉职业的敬仰，让我更加坚定自己的梦想——成为一名人民教师！开学典礼上校长的讲话，让我对"西部红烛 两代师表"精神印象深刻，春蚕吐丝，用爱耕耘，红烛之光，燃烧不熄。在陕西师范大学两年的学习中，我同样被无数教师的言行感动着，他们在每一个平凡的日子里，坚守着三尺讲台，不断为"公费师范生"这个群体注入新鲜血液。在这个新征程上，作为新的追梦人，我甘愿成为一支西部红烛，扎根西部教育一线，为"办好人民满意的教育"尽一份绵薄之力，用实际行动去追逐我的教师梦，去筑牢我们群体共同的梦。

10年来，党和国家践行以人民为中心的发展思想，教育发展成果更多更公平地惠及全体人民。10年来，学生资助工作取得新成效，全国累计资助学生近13亿人次，年资助人次从2012年的近1.2亿人次，增加到2021年的1.5亿人次，实现了对"所有学段、所有学校、所有家庭经济困难学生"全覆盖。在这些政策的帮扶下，无数生活困难的学生，实现了自己的大学梦。他们也更懂得感恩，大学毕业后纷纷回到家乡，推动着家乡教育的快速发展。

10年来，我国教育事业也发展得越来越好，正朝着教育强国的目标快速前进。同学们，国家的繁荣昌盛带给我们追逐梦想的底气，作为新时代新青年，作为10年间教育成就的受益者，希望大家都能珍惜时光、立志成才，不辜负党和国家的栽培，成长为有理想、敢担当、能吃苦、肯奋斗的新时代好青年，让青春之花绽放在祖国和人民最需要的地方！

2022年10月于西安

办好人民满意的教育

冯嘉敏
(2019级思想政治教育·卓越教师实验班)

如果问你，10年能改变什么？10年的变化会有多大？相信大家都会从不同方面给出答案。而对于党的二十大代表刘秀祥而言，感触最深的便是我国教育翻天覆地的变化。他不仅是我国教育事业发展变化的见证者，更是推动我国教育事业发展的实干家。

一、从"上不起学"到"有学可上"

大学毕业后，刘秀祥回到家乡贵州省望谟县的一所中学任教，那时的望谟，曾是国家脱贫攻坚的重点县，当地有近一半的人只上过小学甚至没上过学，不少人还认为读不读书迟早都是要出来打工赚钱，不如早点辍学挣钱，以此来摆脱贫困。而刘秀祥深知这样非但不能摆脱贫困，反而会导致贫困的代际传递，陷入一种恶性循环。或许对于其他人而言，读书并非人生的唯一出路，但对于那些山区孩子而言，读书一定是最佳选择，因为只有读书才能真正斩断穷根。

然而，想要改变并不容易，为了使那些辍学的孩子重返校园，刘秀祥展开了艰难的劝学。他骑着摩托车到每个学生家里进行家访。一开始，家访总免不了吃闭门羹，学生也一个接一个地辍学外出打工。说到底，还是因为太穷了。为了能让孩子们重新返校，刘秀祥只能自己出钱，他对被迫辍学出来打工的学生说："孩子，钱的问题你不用担心。"但他的那点钱还远远不够，周围的人都已经被他借遍了、借烦了。慢慢地，他的身边出现了一些声音："刘秀祥就像乞丐一样，四处乞讨。"

面对这样的冷落和嘲讽，如果是你，你会选择放弃还是坚持呢？刘秀祥坚定地选择了后者，我想他的这番话或许能够回答他为何要坚持下去。他说："每个人的潜力是无限的，只要你有一个梦，只要你愿意去付出，遇到困难和挫折的时候，无论多少次倒下，你依然还能够爬起来，勇敢地、坚强地往前走。"我们中华民族历来是具有伟大梦想的民族，同时也是勇于追梦的民族。刘秀祥正是我们教育强国追梦途中的优秀代表。

10 年的坚持和努力没有白费，刘秀祥成功地让 1800 名学生重返校园。截至目前，他的工作室累计牵线对接资助学生 4000 多人，资助资金超过 1000 万元。刘秀祥说，脱贫攻坚以来，党和国家出台了从义务教育到大学阶段的系列教育保障措施，根据政策，建档立卡贫困学生读书期间可以享受国家资助，学校会按规定为他们减免学费、住宿费和书本费，这些资助政策能够保证贫困学生顺利完成学业。

二、从"有学上"到"上好学"

党的十八大以来，以习近平同志为核心的党中央高度重视基础教育，把基础教育置于"全社会的事业"的高度，始终将义务教育作为教育发展的重中之重。为了确保"不让一个学生因家庭经济困难而失学、辍学"，全国资助金额累计超过 2 万亿元，资助金额从 2012 年的 1322 亿元，增加到 2022 年的 2923 亿元，整整翻了一番，实现了所有学段、所有学校、所有家庭经济困难学生全覆盖，10 年来累计资助学生近 13 亿人次，因贫困而辍学的学生动态清零，长期存在的辍学问题得到历史性解决。

2012 年至今，是望谟县教育发展变化最大的 10 年。10 年前，教室大多都是土垒的房子，一到冬天，学生一个接一个生病，全县只有 70 人考上大学。在土地和经费紧张的情况下，望谟县政府拿出最好的地段来建学校，优先安排教育资金，每年县政府花在教育上的经费占全县总财政投入的23%。如今望谟县的教育发生了翻天覆地的变化。

望谟县教育的发展历程我们有目共睹。10年来，望谟县创造了"小县办大教育，穷县办好教育"的望谟奇迹，实现了量的突破，质的飞跃。实际上，不仅仅是望谟县，国家对教育的投入力度也在不断增加。2012年以来，国家财政性教育经费支出占GDP比重连续10年保持在4%以上，10年来累计支出33.5万亿元。党和国家坚持把提高教育质量作为重要主题，贯穿于基础教育改革发展和人才培养的全过程，实现了从"有学上"到"上好学"、从"学有所教"到"学有优教"的历史性转变。这10年，我国义务教育的普及程度达到了世界高收入国家的平均水平，有力地保障了人民公平享受教育的机会，教育普及水平实现了历史性跨越。

三、从上好学到建设社会主义现代化教育强国

党的十八大以来，国家不断健全教师培养补充机制，通过"优师计划""公费师范生""特岗计划"等多种渠道，为中西部农村补充大量优质师资。习近平总书记在2022年9月给北京师范大学"优师计划"师范生的回信中寄语青年："希望你们继续秉持'学为人师，行为世范'的校训，珍惜时光，刻苦学习，砥砺品格，增长传道授业解惑本领，毕业后到祖国和人民最需要的地方去，努力成为党和人民满意的'四有'好老师，为培养德智体美劳全面发展的社会主义建设者和接班人贡献力量。"

办好人民满意的教育。人民满意，是中国共产党办教育的初心所指，我们的教育是党领导下的中国特色社会主义教育，应顺应人民期待、增进民生福祉。以前，老师总是会教导学生：同学们要努力读书，走出大山。而刘秀祥作为一个好不容易从大山走出来的孩子，却将"走出大山不应该是为了逃离大山"这句话当作他的人生信条。近年来，许多像刘秀祥一样的教育工作者，选择回到家乡，成为乡村学子背后的坚强后盾。习近平总书记在党的二十大报告中指出："广大青年要坚定不移听党话、跟党走，怀抱梦想又脚踏实地，敢想敢为又善作善成，立志做有理想、敢担当、能

吃苦、肯奋斗的新时代好青年，让青春在全面建设社会主义现代化国家的火热实践中绽放绚丽之花。"我们生逢盛世，更要不负盛世，不负时代所托，将个人理想融入党和国家事业发展之中，将个人前途命运与国家命运紧密相连，为实现第二个百年奋斗目标，实现中华民族伟大复兴的中国梦做出属于我们这一代人的历史贡献！

2022 年 10 月于西安